中国期货业协会期货投资者教育专项基金资助

"讲故事　学期货"金融国民教育丛书

期权

"讲故事　学期货"金融国民教育丛书编写组◎编

中国财经出版传媒集团
中国财政经济出版社

图书在版编目（CIP）数据

期权／“讲故事　学期货”金融国民教育丛书编写组编. --北京：中国财政经济出版社，2021. 11（2025.6重印）
（“讲故事　学期货”金融国民教育丛书）
中国期货业协会期货投资者教育专项基金资助
ISBN 978－7－5095－7217－7

Ⅰ. ①期…　Ⅱ. ①讲…　Ⅲ. ①期权交易－基本知识　Ⅳ. ①F830. 91

中国版本图书馆 CIP 数据核字（2021）第 008277 号

责任编辑：马　真　　　责任校对：胡永立
封面设计：田　晗　　　版式设计：董生平

期权
QIQUAN

中国财政经济出版社 出版

URL：http：//www. cfeph. cn
E－mail：cfeph@ cfeph. cn

社址：北京市海淀区阜成路甲 28 号　邮政编码：100142
营销中心电话：010－88191522
天猫网店：中国财政经济出版社旗舰店
网址：https：//zgczjjcbs. tmall. com
涿州汇美亿浓印刷有限公司印刷　各地新华书店经销
成品尺寸：186mm×210mm　24 开　6. 5 印张　133 000 字
2021 年 11 月第 1 版　2025 年 6 月河北第 3 次印刷
定价：28. 00 元
ISBN 978－7－5095－7217－7
（图书出现印装问题，本社负责调换，电话：010－88190548）
本社质量投诉电话：010－88190744
打击盗版举报热线：010－88191661　QQ：2242791300

前　言

近年来，我国期货市场运行质量不断提高，价格发现和风险管理的基础功能得到发挥，在优化资源配置、促进产业升级、提升经济运行效率、维护国家经济金融安全等方面发挥着越来越重要的作用。在新品种不断推出、新业务持续发展、国际化进程稳步推进的大背景下，不仅是机构客户、产业链企业、高净值人群出于规避价格波动风险的迫切需求，将期货这一对冲工具放入资产配置的篮子之中，以期平衡资产收支、实现财富管理目标，一些中小投资者也被价格波动带来的投资机会吸引，成为市场的参与者和流动性的贡献者。

我国投资者群体普遍缺乏系统的金融知识教育，风险识别能力和风险承受能力不高，容易产生投资过程中的非理性行为，不仅造成自身的财务风险，也给市场稳定和金融安全造成隐患。从世界范围来看，随着各国金融消费规模的不断增加和金融创新的快速发展，金融商品或服务日益复杂化，金融知识教育作为对消费者的一种预防性保护，得到了越来越多国家的重视和强化。期货及期权合约的杠杆性、复杂性和投机性，决定了其“高风险、高收益”的特点，将期货知识纳入金融国民教育体系，是一项具有行业前瞻性的工作。

根据国务院办公厅《关于进一步加强资本市场中小投资者合法权益保护工作的意见》（国办发〔2013〕110号）的有关要求，在中国证监会、教育部联合印发的《关于加强证券期货知识普及教育的合作备忘录》的指导下，期货行业在落实“加大普及证券期货知识力度”“将投资者教育逐步纳入国民教育体系”方面开展了多种探索和实践。由中国期货业协会期货投资者教育专项基金资助编写的《“讲故事　学期货”金融国民教育丛书》就是将复杂的金融知识以尽可能通俗易懂的方式向公众传播的有益尝试。丛书作为系统介绍我国期货市场的基础性教育普及读物，以广大普通投资者为服务对象，满足对期货市场缺乏了解的个人或企业的需求。丛书在编写上突出“讲故事　学期货”的特色，在编写形式上多引用案例故事，形式活泼；在语言上通俗易懂，可读性强；在内容上以“风险教育”为主线，深入浅出，不仅对期货市场的起源发展、交易方法、交易品种等基本知识进行了讲解，而且对期货市场的组织架构、法律法规、风险监管等环节也进行了全方位解读；还考虑到期货行业未来的发展趋势，对期权、场外衍生品等投资者感兴趣的话题作了前瞻性介绍。

衷心希望本套丛书的出版能够为期货投资者了解期货市场、树立风险意识、理性参与期货交易提供有益的帮助。

“讲故事　学期货”金融国民教育丛书编写组

2021 年 10 月

目　录

期权大观园，风光就在弯道处

合约与规则，门儿清是必须的

期权价格，谁主沉浮？

期权策略，乱花渐欲迷人眼

天使？魔鬼？期权风险面面观

引　言

大家都知道期货市场是交易期货的地方，但别忘了，除了期货外，期货市场也是交易期权的地方。在本系列丛书第一册《走进期货》中介绍过，在当今世界期货市场中，期权交易量与期货交易量早已进入并驾齐驱的时代。最新统计表明，2020 年，全球期货市场的期货交易量为 255.46 亿手，期权成交量为 212.22 亿手，两者占比分别为 54.6% 和 45.4%。

在我国内地，由交易所推出的以集中性交易方式进行的期权交易起步较晚，自 2015 年上海证券交易所首推上证 50ETF 期权后，大商所于 2017 年 3 月 31 日推出了豆粕期货期权，同年 4 月 19 日，郑商所推出了白糖期货期权，2018 年 9 月 21 日，上期所推出铜期货期权，2019 年 12 月 23 日，中金所推出沪深 300 股指期权。至此，国内四家期货交易所都有了自己的期权交易。迄今（2021 年 6 月），四家期货交易所已有 21 个期权品种在上市交易（其中 10 个是近一年多新推出的）。尽管从 2020 年的交易数据看，四家期货交易所的期权交易量还只是期货交易量的 2.1%，但这是小荷才露出的尖尖角。可以预计，随着更多的期权交易品种推出以及交易者的熟悉程度提高，期权所占的比重将会有较大幅度的提升。

“期货”与“期权”中都有一个“期”字，意味着两者都是带有“远期”性质，即未来时期交割的衍生品交易工具。但如果就两者的交易功能进行全方位比较，期货的功能期权都可以实现，而期权可以实现的功能中有一部分是期货无法实现的。比如，期货的单方向头寸既可用作投机，也可用来套期保值，但期权可以通过组合复制出与期货相同的单方向头寸，自然可实现期货的这两个功能。另外，除了可以实现套期保值功能外，期权还可以发挥保险功能。从投机角度而言，通过期权的选择，可以匹配出各种不同的风险收益比策略，这意味着投机机会更多，投机效率也得以提高。再来看套利交易，期权交易提供的套利策略和套利机会远远超过期货，期权的组合套利策略犹如八阵图一样，变化无穷，更是玩家们的钟爱。

作为更有效率的交易工具的期权，其难度和复杂度都比期货上了一个等级。打开任何一本期权的书籍，立马就会发现一串串的新名词、新术语，大致数一数，就有100多个。面对这一有些难度的新交易工具，若舍不得抽出时间认真学习一番，是很难入门的。这就是“樱桃好吃树难栽，不下苦功花不开”吧。

尽管期权比期货更难，然而，也并非难到无法掌握的程度。尽管新名词、新术语很多，但每一个名词都有它的道理，每一个术语背后也都有其来由。当你搞清楚这些名词术语的来龙去脉后，自会豁然开朗，无须刻意背诵。

俗语说“师傅领进门，修行靠个人”，作为普及读物的一本小册子，目的是帮助读者较快的入门。因此，在介绍中，我们会忽略一些过于艰深但实用性并不大的内容，也不采用那些复杂的数学公式进行推证的方法。如果读者行有余力，愿意更深入的了解，不妨寻找一些更专业的书籍进行研读。

期权大观园，风光就在弯道处

1. 期权难懂？知道保险吗，知道就行

如果你在大街上做一个随机调查，问路人什么是期权？估计十有八九会回答说不知道，其中很多人甚至会回答没听说过；如果问对方什么是保险？则结果正好相反，十有八九会回答知道，并且很可能会七嘴八舌地跟你解释什么是保险。

是的，在我们生活中，保险的普及率已经非常高了，什么财产险、大病险、人寿险、航空险、旅游险、车险，等等，大家可以说是耳熟能详了。然而，说起期权，大多数人就一脸茫然。殊不知，期权实际上也是一种保险。

买进一份保险需要交保险费，同样，买进一份期权则需要交期权费，这“保险费”和“期权费”，在英文中是同一个单词，都叫“premium”。翻译成中文变成两个不同的名词，以至于说起“保险”，大家都明白，说起“期权”则知道的人不多。

案例1

购房合同

某人（乙方）与房地产商（甲方）订立如下合同：

甲方将某处现有的房产卖与乙方，价格105万元，房产交付期为距今半年。

乙方即刻支付5万元定金，至交付期乙方再付100万元取得房产。

在交付期如果乙方拒绝支付则买卖合同作废，乙方所付的定金不退，作为违约金。

……

在这份合同中，读者不难看出，乙方在支付了5万元定金之后，在交付期实际上可以有两种选择。一种是支付100万元取得房产，另一种是可以主动违约，放弃5万元的定金。到时乙方会做怎样的选择呢？不难想到，如果在交付期这处房产的市场价格高于100万元时，乙方会选择购买；如果房产价格低于100万元时，乙方宁可采取违约手段。

我们可以用另外一种方式来表达这份合同的实质含义。下面是另一种表达方式：

乙方向甲方支付5万元保险费，购买一个距今半年的选择权：乙方拥有到期支付100万元买下该处房产的权利，也拥有到期选择不买的权利。当然，无论乙方做出怎样的选择，原先支付的5万元都是不退的。而对甲方而言，收到保险费后就是卖出了选择权，到期只能按照乙方的决定行事，乙方如果要履约，必须将房产卖给他，乙方如果不想买了，也不能强迫卖给他。

更抽象的说法是：乙方支付了一笔保险费购买了一个到期可以执行也可以不执行的选择权，执行的权利是指按预定价格买进指定资产的权利。

这里的“选择权”就是我们要讲的“期权”。尽管这两个名称看上去不一样，但两者的含义是完全相同的。

不要忘了，乙方在当初为了得到这个选择权，是支付了5万元的保险费用的，对这笔费用，我们有专门的名称，叫做“权利金”，或称为“期权费”。

乙方购买的是到期可以按预定价格“买进”指定资产的权利，所以可以进一步把这种期权称为“买权”。从分析中不难理解：在到期日，如果指定资产的市场价格大于预定价格（这意味着价格上涨了），买进买权者会选择履约。而且，指定资产的市场价格上涨的幅度越大，对买进买权者而言就越有利。比如，对上面这个例子而言，如果到时该处房产的市场价格上涨为120万元，等于乙方净赚了15万元，其算法为：到期市场价（120万元）－预定价格（100万元）－权利金（5万元）。由于买进买权者希望价格上涨，这意味着买进买权者对价格是看涨的，因而在翻译中，大都将“买权”译为“看涨期权”。

案例2

财产保险

某公司（乙方）现有供生产使用的厂房四幢及其中的生产设备，共计折合人民币1000万元，由于担心突发意外灾难导致损失，于是与某保险公司（甲方）商谈投保事宜。

双方经谈判后议定的保险条款如下：

- 保险对象：厂房四幢及其中的生产设备。
- 保险时间：从协议生效起一年时间。
- 损害赔偿计算：保险期间如果发生火灾、偷盗等特定风险所导致的毁损由保险公司按损赔付。
- 保险费：甲方报价人民币3万元，乙方还价2万元，最终协商确定为2.5万元，乙方在签订协议时支付。

按照这份保险合同的规定，乙方在支付了2.5万元保险费后，一旦在保险期内遭受财产损失，可以获得相应的赔偿。比如，半年之后，发生了一场火灾，烧毁了其中价值为 200 万元的资产，乙方可以获得 200 万元的赔偿。同样，我们可以按照如下的方式来重新解读这份合同而并不违背合同的实质含义。

乙方在支付了 2.5 万元保险费后，相当于获得了一种可选择权利：一旦发生损失，可以将这些损毁的资产按照原来预定的价格卖给保险公司，使其整体被保险资产仍旧达到原来预定的价格；如果没有发生损失，乙方可以选择保留资产的权利，即不负有必须将资产卖给甲方的义务。

不难看出，乙方支付了 2.5 万元，实际上购买的也是“选择权”，换言之，也是购买了“期权”。所支付的 2.5 万元实际上就是“权利金”或“期权费”。

尽管在案例 1 与案例 2 中，乙方购买的都是选择权，但两者之间仍有区别。在案例 1 中，乙方购买的是“买权”或“看涨期权”，其含义为到期可以按预定价格“买进”指定资产的权利。然而对案例 2 而言，乙方购买的却是：到期可以按预定价格“卖出”指定资产的权利，这种期权也被称为“卖权”，在翻译中，有人将其译为“看跌期权”。

如果你在坐民航班机出发前，购买了一份航空保险，想得到吗？你实际上买了一份看跌期权。

2. 期权的定义及相关术语

期权（Options）是一种选择权，是指能在未来某特定日期或之前以特定价格买入或卖出某种特定的基础资产的权利。期权交易是权利的买卖，期权的买方支付了权利金后，便取得在未来某特定日期或之前以特定价格买入或卖出某种特定的基础资产的权利。

在上述定义中有许多限定词，学习者对这些限定词的含义必须有一个很清晰的理解。

• 基础资产

英文原文为“underlying”，也有译为“标的资产”的。在案例1中，“特定的基础资产”就是指定的房产；在案例2中，就是四幢厂房及其中的生产设备。通常按基础资产的名称给期权命名，比如，基础资产是商品，则相应的期权称为商品期权；基础资产是金融产品，则相应的期权称为金融期权。按此规则，诸如“豆粕期权”“外汇期权”及“黄金期权”，这些名称，一看就能知道其基础资产是什么。但必须注意，“黄金期权”和“黄金期货期权”是不一样的，“黄金期权”的基础资产是黄金，而“黄金期货期权”的基础资产是黄金期货。

• 特定价格

英文原文有“strike price”和“exercise price”两种，前者通常翻译为“敲定价格”，后者既有翻译为“执行价格”，也有译为“行权价格”或“履约价格”的。两者的含义实际上是相同的。在案例1中，就是100万元；在案例2中，就是1000万元。

• 特定日期或之前

在案例1中，规定房产交付期为距今半年，因而，所谓特定日期就是指距今半年的某日，在该日，乙方应该决定是否行使自己的买房权利，如果行使权利，则支付100万元买下房产，如果决定不行使权利，则等于宣告该期权作废。执行期权的截至日期称为到期日或交割日，这一术语的英文名词为“expiration date”。

在案例1中，期权的买方只能在到期日那天决定是否行使权利，在到期日之前是不能行使权利的，通常将这种不能提前行使权利的期权称为“欧式期权（European Option）”，而将那些在到期日之前也可以行使权利的期权称为“美式期权（American Option）”。比如，在案例2中，保险期限为一年，意味着在该年中的任何时间内，只要发生财产损失，乙方都可以获得相应的赔偿，不用等到保险到期日那天。注意，欧式与美式的说法，是按照买方行使期权的期限来划分的，与名称中的地理位置无关。事实上，在美国也有采用欧式期权的，在欧洲也有采用美式期权的。

- 买入或卖出

期权可以按到期“买入”还是“卖出”基础资产划分为两种类型。如果是到期日或到期日之前以敲定价格“买入”特定的基础资产的权利，则这种期权称为“买权”或称为“看涨期权”，英文中对应的名称为“Call Option”，案例1就是看涨期权。如果是到期日或到期日之前可以按敲定价格“卖出”特定基础资产的权利，这种期权称为“卖权”或称为“看跌期权”，英文中对应的名称为“Put Option”，案例2就是看跌期权。

必须注意，期权中的“看涨”或“看跌”都是站在买方立场命名的。看涨期权是买方有权在交割时按特定价格买入基础资产的权利，在未来交割时，只有当基础资产价格上涨且高于特定价格时，买方选择交割才有利可图。换言之，只有当基础资产上涨时才显现出当初买进看涨期权的价值意义。相反，对卖出看涨期权者而言，基础资产价格上涨且高于特定价格是不利的。同样，对持有看跌期权的买方而言，只有当交割时基础资产价格下跌且低于特定价格时才显现出当初买进看跌期权的价值意义，而对卖出者而言是不利的。

- 权利金

卖方不可能白白送一个权利给买方，很自然，买方要获得权利必须向卖方支付一定的代价或费用，这个费用就叫“权利金”，也有称为“期权费”的，在英文中对应的名称为“Premium”。注意，在英文中，Premium本身有多种含义，“保险费”是其中的一个含义，从这里也可以看出期权与保险之间的同源关系。在期权交易中，买卖双方讨价还价的对象就是权利金。

- “实物交割”与“现金交割”。

按照期权的定义，买进期权者在到期时可以做出选择，若基础资产市场价有利于自己时自然会提出履约即交割，比如，对买进看涨期权者而言，若交割时基础资产价格市场价高于行权价，买方提出交割对己是有利的；对买进看跌期权者而言，若交割时基础资产价格市场价低于行权价，买方提出交割也是对己有利的。

事实上，在交割时有两种不同形式。一是实物交割，比如在案例 1 中，乙方买进的看涨期权，到期选择执行，支付 100 万元给甲方，甲方将指定的房产交付给乙方。交割的另一种方式为现金交割，是指期权买卖双方仅对交割时基础资产价格与行权价之间的差额进行现金结算，在案例 2 中，乙方因火灾损失后保险公司进行评估损失，假如评估损失为 200 万元就赔付 200 万元，而不是把毁损物通过交割买下来，这种赔偿实质就是现金交割。

3. 期权交易中的买方和卖方

交易是由买卖双方组成的，既有买方，必有卖方。期权交易也不例外。在期权交易中，买进（Buy）期权者是买方，有时候经常用“多头（Long）”来表示；卖出（Sell）期权者是卖方，有时候经常用“空头（Short）”来表示。

在保险交易中，只有保险公司充当卖方，保险公司针对各种不同风险的保险产品制定保险金，购买保险者通常是没有议价能力的。而在期权交易中，交易者既可充当买方，也可充当原本只有保险公司才能做的卖方，等于是打破了保险公司的垄断地位。在保险公司垄断情况下，保险条款和保险费都是保险公司说了算。而在期权交易中，具体的交易条款是由第三方的交易所制定的，相当于保险金的权利金也不再由卖方说了算，而是由买卖双方竞价产生。

对期权的买方而言，付给卖方权利金买进期权后即拥有在未来买卖基础资产的权利，但不负有必须买卖这些基础资产的义务，即期权的买方具有选择权或决定权。期权的卖方则正好相反，如果买方在未来要求执行，卖方必须接受，即只有接受的义务而没有拒绝的权利。

值得注意的是：期权有“买进”和“卖出”，还有“看涨期权（即买权）”和“看跌期权（即卖权）”之分。组合起来后，很容易相混，千万不能搞错。

买进看涨期权者拥有到期买进基础资产的权利，卖出看涨期权正好相反，如果买进看涨期权者到期执行权利，卖出看涨期权者必须按行权价卖出相应的基础资产。

买进看跌期权者拥有到期卖出基础资产的权利，卖出看跌期权正好相反，如果买进看跌期权者到期执行权利，卖出看跌期权者必须按行权价买进相应的基础资产。注意，买进看跌期权者实际上是基础资产的卖出方，而卖出看跌期权者实际上是基础资产的买进方。

由于期权的买方在成交时就已经支付了权利金，此后，只享有到时选择的权利而没有义务，因此也被称为权利方。而期权的卖方在成交时就已经收到了权利金，此后，到时只有必须承担的义务而没有权利，因此被称为义务方。

4. 现货期权与期货期权

现货期权与期货期权的差别是基础资产。如果基础资产是现货，则相应的期权就是现货期权；如果基础资产是期货，则相应的期权就是期货期权。显然，对现货期权而言，一旦买方行使权利，对应的是现货买卖；对期货期权而言，一旦买方行使权利，对应的是期货合约的买卖。

案例3

铜现货期权与铜期货期权

情景A：3月15日，甲乙双方约定，乙方向甲方购买一个6月24日到期的铜看涨期权，行权价为60000元/吨，权利金为2000元/吨，数量为10吨。

情景B：3月15日，甲乙双方约定，乙方向甲方购买一个6月24日到期的上海期货交易所7月铜期货合约的看涨期权，行权价为60000元/吨，权利金为2000元/吨，数量为2手合约（10吨）。

初看上去，A、B 两种情景最终涉及的基础资产似乎都是铜。但实际上还是有很大的差别。

不妨假设一下到期铜价上涨到 7 万元，乙方自然会提出行权。在情景 A 中，乙方按每吨 60000 元共计 60 万元付给甲，甲必须交给乙方 10 吨铜。在情景 B 中却是，乙方从甲方那里买进 2 手上海期货交易所 7 月铜期货合约，期货的成交价按每吨 60000 元计。交割完毕后的格局是：乙方持有 2 手上海期货交易所 7 月铜期货合约的多头，甲方持有 2 手上海期货交易所 7 月铜期货合约的空头。

两者的差别是明显的，在情景 A 中，双方实际交割的是铜现货，而在情景 B 中，双方实际交割的是铜期货合约。一个是现货，一个是期货！

由于期货期权的基础资产是期货，显然，要推出相应品种的期货期权，其前提是必须已经推出该品种的期货，没有对应的期货是不可能推出期货期权的。注意，国内目前四家期货交易所中，除中金所之外的 3 家期货交易所推出的期权都是期货期权（见表 1）。尽管有时候人们为了方便而省略了“期货”两个字，但如果看这些期权的全称，都是有“期货”两字的。

期货合约都有最后交易日，比如上期所的铜期货合约，最后交易日为合约月份的 15 日。由于期货期权行权后买卖双方的期权头寸转化为期货头寸，必须给那些持有期货头寸的交易者留出处理时间，因此铜期货期权的最后交易日（到期日）规定为“标的期货合约交割月前第一月的倒数第五个交易日”。在这一规定下，交易者即使行权后持有期货头寸，还有 4 个交易日才会进入交割月。

三家期货交易所的期货期权还有另一个特征，那就是行权方式都采用“美式期权”。意味着期权买方既可以在期权合约到期日这一天行使权利，也可在期权到期日之前的任何一个交易日行使权利，这样可以避免最后交易日集中行权导致期货持仓突然增长的现象。

中金所推出的期权品种是“沪深 300 股指期权”，注意，尽管中金所早就推出“沪深 300 股指期货”，但“沪深 300 股指期权”并非“沪深 300 股指期货期权”，因而在归类上属于现货期权。从比较角度看，由于期货期权的基础资产是期货合约，其交易价格和交易规模都会受到期货的影响和制约，而现货期权由于直接与基础资产挂钩，不仅可以屏蔽期货价格的影响，在交易规模上也不会受到期货的制约。事实上，在全球统计的期权交易量中，期货期权的体量很小，根本无法与现货期权相比。

沪深300股指期权的交割方式与沪深300股指期货一样采用现金交割方式。另外，行权方式采用“欧式期权”，意即期权买方只有在规定的合约到期日方可行使权利，不能提前行使权利。

表1　国内各交易所交易的期权品种

交易所	期权品种	推出时间	交割方式	行权方式
上海期货交易所	铜期货	2018.09.21	实物	美式
	天然橡胶期货	2019.01.28		
	黄金期货	2019.12.20		
	铝期货	2020.08.10		
	锌期货	2020.08.10		
	原油期货	2021.06.21		
大连商品交易所	豆粕期货	2017.03.31	实物	美式
	玉米期货	2019.01.28		
	铁矿石期货	2019.12.09		
	液化石油气期货	2020.03.30		
	线型低密度聚乙烯期货	2020.07.06		
	聚氯乙烯期货	2020.07.06		
	聚丙烯期货	2020.07.06		
	棕榈油期货	2021.06.18		
郑州商品交易所	白糖期货	2017.04.19	实物	美式
	棉花期权	2019.01.28		
	精对苯二甲酸期货	2019.12.16		

续表

交易所	期权品种	推出时间	交割方式	行权方式
郑州商品交易所	甲醇期货	2019. 12. 16	实物	美式
	菜籽粕期货	2020. 01. 16		
	动力煤期货	2020. 06. 30		
中金所	沪深 300 股指	2019. 12. 23	现金	欧式
上交所	上证 50ETF	2015. 02. 09	实物	欧式
	沪深 300ETF	2019. 12. 23		
深交所	沪深 300ETF	2019. 12. 23	实物	欧式

注：上海期货交易所的铜期货期权和黄金期货期权刚推出时行权方式采用欧式，2020 年 7 月底发通知，自 2021 年 11 月 16 日起新合约全部改为美式。

5. 场内期权和场外期权

期权市场由场内交易市场（交易所）和场外交易市场构成。

场内期权是指在交易所内采用集中交易方式进行的期权。交易所拥有固定的地址，交易时间也是固定的。由于采用集中交易方式，因而在交易所挂牌交易的期权都是标准化的，在这一点上，与我们已经熟悉的期货交易完全一样。

场内期权交易的历史并不长，世界上第一个开展场内期权交易的交易所是 1973 年成立的芝加哥期权交易所（CBOE），距今不过 30 多年。尽管在此之前市场上早就在进行期权交易了，但基本上都是属于场外交易。

场外期权是指在交易所之外进行交易的期权。场外交易又称柜台交易或店头交易（Over – The – Counter，简写为 OTC），是指在交易所外，由交易双方当面议价成交的市场。显然，场外交易市场并不需要一个固定的场所，它是由分散在各地的交易者所组成的。分散进行的特点，使得交易者之间可以根据彼此的需要定制出一些特殊的产品，这些特殊产品显然可以是非标准化的。

在柜台交易中的交易商通常兼具自营商和代理商的双重身份。作为自营商，他可以直接与客户进行交易；作为代理商，又可以以客户代理人的身份向别的柜台交易商买进或卖出。

在场外交易中，交易合约没有标准化，这既是优点又是缺点。优点是合约可以根据双方的要求量身定制，更符合彼此的需要，而交易所交易的期权都是标准化的，不可能满足所有人的需要；缺点是在合约尚未到期前，由于市场流动性不高，交易者很难进行对冲平仓操作，往往只能在合约到期时进行实际交割。

场外交易的另一个缺点是信用相对较差，尤其是对期权的卖方来说，如果面临较大的亏损时，能不能守信履约更是个问题。欧美各国的期权史上，在场内期权开展之前，场外期权早就进行，但屡遭政府禁止，其中一个重要的原因就是经常出现违约事件，给期权交易带来了恶名。对场内期权而言，由于履约由交易所担保，交易者不用担心对方会不会违约，而交易所为了避免交易者违约，也会制定相应的保障措施，因而大大降低了交易者违约的可能性。

改革开放后，国内最早推出场外期权交易的是中国银行，时间是 2002 年 12 月，推出的品种是外汇“两得宝”，2003 年 5 月又推出外汇“期权宝”，前者是客户卖出外汇期权，后者是客户买进外汇期权。2011 年 4 月 1 日，国内一些商业银行正式推出了人民币对外汇期权业务。

2012 年 12 月，为了更好服务实体经济发展，在证监会的推动下，期货公司风险管理子公司顺势而生。中国期货业协会于 22 日发布《期货公司设立子公司开展以风险管理服务为主的业务试点工作指引》，意味着期货公司的风险管理子公司可以为客户提供场外期权交易业务。

2013 年 3 月，证券公司试点场外衍生品业务工作启动，中信建投等 6 家券商首批获得试点资格。当年 8 月 19 日，首只券商的场外期权诞生。

截至 2020 年年末，证券公司场外期权存量初始名义本金规模为 7569. 67

亿元。中国期货业协会数据显示，2020年全年，风险管理子公司场外衍生品业务名义本金规模为8460.76亿元。

2015年2月2日，上海黄金交易所上线黄金实物询价期权业务。注意，这一期权仍然属于场外期权，交易过程为交易者通过线下双边询价完成交易，成交后在金交所登记，期权到期时既可“实物交割”也可“现金结算”，由交易所提供清算服务。

交易所为场外交易提供结算服务，在全球早有先例。2008年全球金融危机，场外交易也是出现大面积违约的重灾区。在这种背景下，一些大交易所借此扩大业务范围，为场外交易提供结算服务，对于降低场外交易的信用风险有助益作用，也因此受到场外交易者们的欢迎。目前，国内的郑州商品交易所和大连商品交易所都已推出自身的场外期权业务平台。上海期货交易所的场外期权业务平台也在建设中，不久即将推出。

6. 期权的实值、虚值与平值

实值、虚值与平值是按基础资产的市场价格与行权价之间的关系划分的。

- 实值期权（in – the – money）

沪深300股指看涨期权合约中的行权价为5000点，而目前沪深300股指为5147点。显然，此时对期权的买方是有利的，因为假定目前可以行使权利，即相当于按5000点买进，立即按现在的市场价平仓，将实现147（5147 – 5000）点的盈利（不考虑权利金的情况下，下同）。

当看涨期权的行权价低于当时的市场价格时，对期权的买方是有利的。这种期权被称为实值期权（in – the – money）。也有将“in – the – money”译作“价内期权”的，两者并无差别。

当看涨期权的行权价远远低于当时标的物的市场价格时，该期权称为深实值期权（deep – in – the – money）。

沪深300股指看跌期权合约中的行权价为5300点，而目前沪深300股指为 5147 点。显然，此时对期权的买方是有利的，因为假定目前可以行使权利，即相当于按 5300 点卖出，立即按现在的市场价平仓，将实现 153（即 5300 – 5147）点的盈利。

当看跌期权的行权价高于当时的市场价格时，对期权的买方是有利的。这种期权也是实值期权（in – the – money）。同样，当看跌期权的行权价远远高于当时标的物价格时，该期权称为深实值期权。

- 虚值期权（out – of – the – money）

沪深 300 股指看涨期权合约中的行权价为 5200 点，而目前沪深 300 股指为 5147 点。显然，期权的买方如果在此时行使权利是不合算的，因为如果行使权利，买进价为 5200 点，还不如直接在市场上按市场价买进，此时期权的买方不会行使权利。

当看涨期权的行权价高于当时的市场价格时，期权的买方行使执行权是不利的。这种期权被称为虚值期权（out – of – the – money）。也有将“out – of – the – money”译作“价外期权”的，两者并无差别。

当看涨期权的行权价远远高于当时标的物的市场价格时，该期权称为深虚值期权（deep – out – of – the – money）。

沪深 300 股指看跌期权合约中的行权价为 5100 点，而目前沪深 300 股指为 5147 点。显然，期权的买方如果在此时行使权利是不合算的，因为如果行使权利，卖出价格为 5100 点，还不如直接在市场上按市场价卖出，此时期权的买方不会行使权利。

当看跌期权的行权价低于标的物当时的市场价格时，期权的买方行使执行权是不利的。这种期权也是虚值期权（out – of – the – money）。同样，当看跌期权的行权价远远高于当时标的物价格时，该期权称为深虚值期权。

- 平值期权（at – the – money）

无论看涨期权还是看跌期权，当行权价等于标的物当时的市场价格时，该期权就是平值期权（at – the – money），也有将“at – the – money”译为两平期权的。

上述各种情况，归纳如表 2。

表 2　　实值期权、虚值期权与平值期权

	看涨期权	看跌期权
实值期权	标的物市场价格 > 期权行权价	标的物市场价格 < 期权行权价
虚值期权	标的物市场价格 < 期权行权价	标的物市场价格 > 期权行权价
平值期权	标的物市场价格 = 期权行权价	标的物市场价格 = 期权行权价

注意：实值期权、虚值期权和平值期权的命名都是站在期权买方的立场上，按是否对买方有利而划分的。

当然，这里所说的对买方有利仅仅是指市场价格与行权价之间的关系，在实际交易中，对买方有利时卖方肯定会在权利金竞价时报出一个更高的价格，从而使买方的优势丧失。

7. 期权的基因——收益结构非线性

作为衍生品交易工具的“期权”，与同样是衍生品工具的“远期”或“期货”之间存在着差别，最大的差别是“期权”将买卖双方的权利义务分离了，而“远期”或“期货”的买卖双方的权利义务是一致的。

看涨（看跌）期权的买方在支付权利金后拥有到时买进（卖出）标的物的权利，但不负必须买进（卖出）的义务；卖方则相反，收取权利金后只剩下义务而没有权利。看涨（看跌）期权到期时，如果买方要行权，卖方必须服从，如果买方说不行权了，卖方即使已准备好了标的物（现金）也只能自行处理。

权利和义务分开之后，引发的一个重大变化是无论买方和卖方，收益结构与传统交易方式不一样了。下面不妨以股票期权为例，看看与股票期货的差别。

案例4

假定买进A股票期货，买进价格是25元/股。在到期日，不考虑交易费用的情况下（以下同），如果股票上涨至30元/股，则盈利5元/股；如果下跌至18元/股，则亏损7元/股。以S代表股票A的价格，盈亏等于（S－25）元/股。同样，如果以25元/股的价格卖出股票期货，到期日的收益情况等于（25－S）元/股。

图1就是买卖A股票期货在到期日的盈亏结构，图中横坐标是股票的价格，纵坐标是股票期货的盈亏。从图中可见，无论是买进还是卖出，盈亏线都是一条直线，买进期货的盈亏线是向上倾斜的，而卖出股票期货的盈亏线是向下倾斜的。

由于盈亏表现为一条直线，因此可以将期货交易称为具有“线性化结构”特征的交易工具。实际上，除了期货交易工具外，现货交易或远期交易也都具有这一特征。

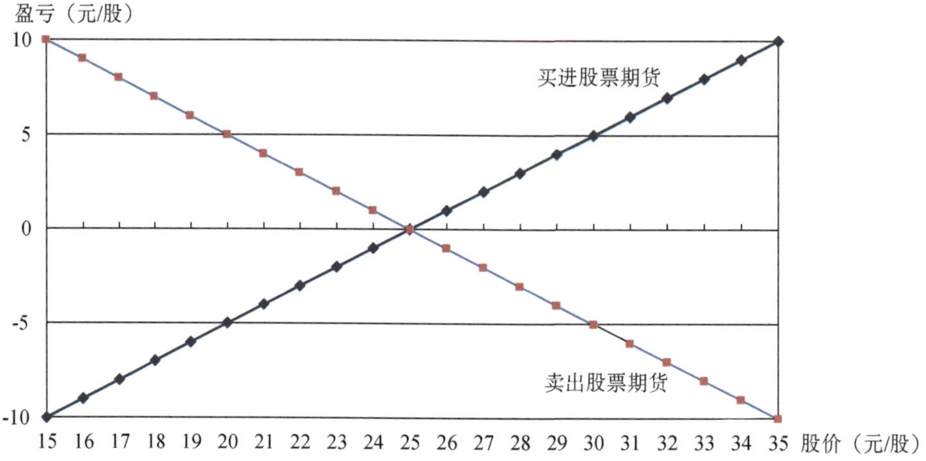

图1　买卖A股票期货的盈亏结构

现在我们看看股票期权的盈亏结构。假定某股票 A 目前的价格为 25 元/股，平值期权（行权价 25 元/股）的剩余期限还有 9 个月，这时的看涨期权的权利金价格为 2 元/股。某交易者花费 2 元/股的权利金购买了看涨期权，在期权到期交割时，如果股票价格 S 小于等于行权价 25 元/股，买方自然选择放弃期权，买方的净收益等于 −2 元/股，即当初付出的 2 元/股权利金。如果价格 S 高于行权价，买进者将行权，获得差价收益 = S − 行权价（不计交易手续费），当然计算净收益时必须减去当初付出的 2 元/股权利金。比如，到期股价为 27 元/股，则净收益 = 27 − 25 − 2 = 0 元/股；如果到期股价为 30 元/股，则净收益 = 30 − 25 − 2 = 3 元/股；到期股价为 35 元/股，则净收益 = 35 − 25 − 2 = 8 元/股。

不难想到，对于当初卖出看涨期权的交易者而言，其收益正好与买进看涨期权者相反，两者的收益计算参看表 3，图 2 是对应的收益结构。

表 3　买进或卖出股票 A 看涨期权到期日的价值及盈亏额　单位：元/股

到期股价	19	20	21	22	23	24	25	26	27	28	29	30	31
期权价值	0	0	0	0	0	0	0	1	2	3	4	5	6
买进者收益	−2	−2	−2	−2	−2	−2	−2	−1	0	1	2	3	4
卖出者收益	2	2	2	2	2	2	2	1	0	−1	−2	−3	−4

从图 2 可见，无论是买进还是卖出看涨期权，其收益结构不再是直线，而是折线。实际上，如果画出买进或卖出看跌期权的收益结构图，同样都是一条折线。

通常，人们说期货是“高收益同时也是高风险”的交易工具，然而，对期权交易的描述就不同了。

对买进期权者而言，由于不承担义务，只享受权利，因而，损失是有限的（其极限为付出的期权费），但获取高收益的可能仍旧

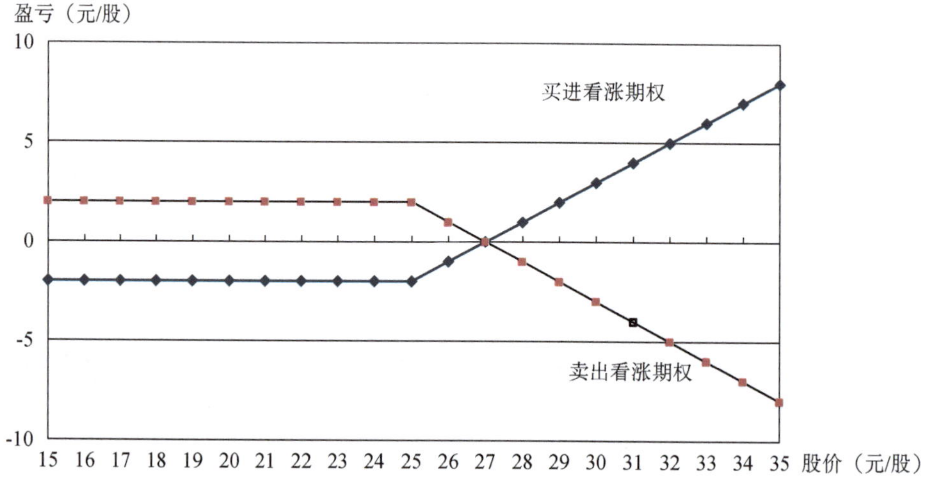

图2　买卖股票A看涨期权的盈亏结构

存在。这种情况对一些避险交易者特别适合。对他们来说，买进期权，等于是买了份保险，所付的期权费等于是保险费。如果行情相反，最大损失也就是已付出的期权费，既不会有期货交易中追加保证金的风险，更没有爆仓之说；如果行情看准了，则可以在期权交易中得到相应利润补偿现货中的风险损失。比如，图1中的看涨期权购买者，如果到期时股票价格上涨至50元/股，那获利就是48元/股；上涨至100元/股，获利就是98元/股。正因为如此，人们将买进看涨期权视作“风险有限、利润无限”的交易策略。

对期权的卖方而言，相当于充当了保险公司的职能，卖出了一份保险单。其最大收益也就是收到的权利金。而风险则是巨大的，比如，图1中的看涨期权卖出者，到期股价上涨越多，亏损越大。由于理论上价格上涨没有上限，因此人们将卖出看涨期权视作“风险无限、利润有限”的交易策略。然而，若与期货交易的风险相比，并没有因此扩大，这是因为期权卖出方在卖出期权时已经收到一笔权利金作为风险补偿。

合约与规则，门儿清是必须的

我们知道，期权有场外交易和场内交易之分。在场外交易中，买卖双方可以就期权的条款进行协商，比如行权价、行权方式、行权时间、数量、权利金价格等都可以商议。但对场内期权而言，除了权利金一项由交易者竞价产生外，其他所有条款都由交易所明确规定。交易所统一制定的期权合约称为标准合约，交易所制定标准合约有一个好处，那就是方便转手交易。

标准合约可以转手交易，交易所自然会对交易运作制定一系列的规范措施，这些规范措施就是交易规则。参与场内期权交易，首要的功课就是熟悉交易所制定的合约规定及交易规则。

1. 沪深 300 股指期权合约

中国金融期货交易所于 2010 年 4 月 16 日推出沪深 300 股指期货，于 2019 年 12 月 23 日推出沪深 300 股指期权。关于沪深 300 股票指数的情况，可以参见本系列丛书《金融期货》中的介绍。

注意，尽管沪深 300 股指期货与沪深 300 股指期权的标的物相同，但这是两个独立而并行的衍生品工具。其他 3 家期货交易所推出的期权都是期货期权，意味着这些期权都是依附在期货合约上的。沪深 300 股指期权与其他 3 家交易所的期权交易还有两个重要区别：一是行权方式为欧式，意味着买方只能在期权到期时才能行权，其他交易所采用的都是美式，买方在最后交易日之前都能提出行权。二是采用现金交割，意味着在最后交割时交易所对买卖双方的持仓头寸按照交割价进行差价结算，而其他交易所都是实物交割。在现金交割制度下，最后的行权环节变得非常简单。

表 4 为沪深 300 股指期货/股指期权合约对照表。从对照表中可见，股指期权比股指期货多出了“合约类型”“行权价格”和“行权方式”3 个“条款”，除此之外的条款都是共有的。就表中共有条款而言，有一个重要差别需注意，那就是“合约乘数”，沪深 300 股指期货的乘数是“每点人民币 300 元”，而沪深 300 股指期权的乘数是“每点人民币 100 元”，两者有 3 倍之差。这意味着当你采用沪深 300 股指期权与沪深 300 股指期货进行对冲或套利时，应该是 3 手沪深 300 股指期权与 1 手沪深 300 股指期货进行配对，这样才能实现规模相等的要求。

表 4　　沪深 300 股指期货/股指期权合约对照表

条款	沪深 300 股指期货	沪深 300 股指期权
合约标的/合约标的物	沪深 300 指数	沪深 300 指数
合约乘数	每点人民币 300 元	每点人民币 100 元
合约类型		看涨期权、看跌期权
报价单位	指数点	指数点
最小变动价位	0.2 点	0.2 点
每日价格最大波动限制	上一个交易日结算价的 ±10%	上一交易日沪深 300 指数收盘价的 ±10%
合约月份	当月、下月及随后两个季月	当月、下 2 个月及随后 3 个季月

续表

条款	沪深 300 股指期货	沪深 300 股指期权
行权价格		行权价格覆盖沪深 300 指数上一交易日收盘价上下浮动 10% 对应的价格范围 对当月与下 2 个月合约：行权价格≤2500 点时，行权价格间距为 25 点；2500 点 < 行权价格≤5000 点时，行权价格间距为 50 点；5000 点 < 行权价格≤10000 点时，行权价格间距为 100 点；行权价格 > 10000 点时，行权价格间距为 200 点 对随后 3 个季月合约：行权价格≤2500 点时，行权价格间距为 50 点；2500 点 < 行权价格≤5000 点时，行权价格间距为 100 点；5000 点 < 行权价格≤10000 点时，行权价格间距为 200 点；行权价格 > 10000 点时，行权价格间距为 400 点
行权方式		欧式
交易时间	9：30—11：30，13：00—15：00	9：30—11：30，13：00—15：00
最后交易日	合约到期月份的第三个周五，遇国家法定假日顺延	合约到期月份的第三个星期五，遇国家法定假日顺延
交割日期/到期日	同最后交易日	同最后交易日
交割方式	现金交割	现金交割
最低交易保证金	合约价值的 8%	
交易代码	IF	看涨期权：IO 合约月份－C－行权价格 看跌期权：IO 合约月份－P－行权价格
上市交易所	中国金融期货交易所	中国金融期货交易所

2. 期权行情报价

期权行情的显示，通常有两种形式，一是普通式报价，另一种是“T 型报价”。图 3 为期权行情普通式报价的样式。

- 普通式行情

普通式行情与期货或股票行情一样，每行显示一个合约。普通式行情显示的信息比较全面，只要屏幕足够宽，可以将该合约的所有信息全部列出，但实际上由于期权的相关信息远多于期货或股票，在屏幕上难以全部列出。

序↓	名称	最新	涨跌	幅度%	买价	买量	卖价	卖量	成交量	持仓量	期权到期日	昨结	涨停	跌停
184	IO2203-P-6000	---	---	---	938.4	1	971.2	2	0	28	20220318	918.2	1443.2	393.2
185	IO2206-C-4500	716.6	-28.2	-3.79	706.6	1	720.6	1	18	55	20220617	744.8	1269.8	219.8
186	IO2206-C-4600	646.4	-26.6	-3.95	632.6	1	652.2	1	1	33	20220617	673.0	1198.0	148.0
187	IO2206-C-4700	582.0	-25.2	-4.15	572.0	1	595.2	2	6	25	20220617	607.2	1132.2	82.2
188	IO2206-C-4800	523.6	-20.4	-3.75	512.0	1	530.0	1	5	11	20220617	544.0	1069.0	19.0
189	IO2206-C-4900	469.2	-19.2	-3.93	453.8	2	474.8	2	12	28	20220617	488.4	1013.4	0.2
190	IO2206-C-5000	415.6	-19.0	-4.37	406.0	1	423.8	1	5	40	20220617	434.6	959.6	0.2
191	IO2206-C-5200	323.2	-22.4	-6.48	314.8	2	331.6	1	22	47	20220617	345.6	870.6	0.2
192	IO2206-C-5400	253.0	-14.0	-5.24	250.0	1	255.4	1	8	46	20220617	267.0	792.0	0.2
193	IO2206-C-5600	190.0	-15.6	-7.59	188.4	1	199.6	1	5	40	20220617	205.6	730.6	0.2
194	IO2206-C-5800	149.8	-10.8	-6.72	146.8	1	150.8	1	86	163	20220617	160.6	685.6	0.2
195	IO2206-P-4500	123.2	10.2	9.03	117.4	1	124.6	1	25	194	20220617	113.0	638.0	0.2
196	IO2206-P-4600	148.4	8.8	6.30	145.0	4	151.6	1	30	62	20220617	139.6	664.6	0.2
197	IO2206-P-4700	185.0	14.4	8.44	177.8	2	189.2	2	11	26	20220617	170.6	695.6	0.2
198	IO2206-P-4800	219.4	14.2	6.92	214.8	2	227.0	2	11	32	20220617	205.2	730.2	0.2
199	IO2206-P-4900	258.4	12.2	4.96	256.2	1	269.0	1	1	19	20220617	246.2	771.2	0.2
200	IO2206-P-5000	307.4	16.0	5.49	302.0	1	316.2	1	10	28	20220617	291.4	816.4	0.2
201	IO2206-P-5200	411.8	19.2	4.89	405.6	1	423.2	1	14	39	20220617	392.6	917.6	0.2
202	IO2206-P-5400	531.2	19.2	3.75	523.6	3	546.2	1	6	18	20220617	512.0	1037.0	0.2
203	IO2206-P-5600	667.6	19.6	3.02	663.8	1	688.4	1	12	42	20220617	648.0	1173.0	123.0
204	IO2206-P-5800	---	---	---	814.4	1	841.2	1	0	52	20220617	797.2	1322.2	272.2

图 3 中金所股指期权行情（2021 年 6 月 29 日收盘）

图 3 是中金所股指期权 2021 年 6 月 29 日收盘行情，其中第一列为序号，最后的序号为 204，意味着同时有 204 个股指期权合约在交易。第二列为“合约名称”，其中“IO”为中金所股指期权代码，后面数字表示合约到期月份，“C”代表看涨期权，“P”代表看跌期权，“C”或“P”后面的数字代表行权价。第三列为合约成交的“最新价”（由于已经收盘，实际上即为收盘价）。倒数第四列为该期权合约的到期日。倒数第三列为“昨日结算价”，盘

中第四、五列的“涨跌”及“幅度”实际上就是按照“昨日结算价”计算出来的。昨日结算价是昨日收盘集合竞价的成交价格，交易所规定若收盘集合竞价未形成成交价格或者成交价格明显不合理的，交易所有权决定当日结算价。最后两列是今日交易的“涨停”和“跌停”限制。其他各项内容在期货或股票行情中都有，意义相同。

- T 型报价行情

从图 3 可知，沪深 300 股指期权合约总数量达到 204 个，采用普通式行情是很不方便的，不妨与沪深 300 股指期货对比一下，股指期货只有 4 个合约，采用普通式行情比较合理。

图 4 是 2021 年 6 月 29 日沪深 300 股指期权“T 型报价”行情表。T 型报价的上面“一横”中包括两个选择框和现货指数的信息。其中“合约选择”框中含有各个品种的期权代码，当你选定一个并确定时下面就显示出选中品种的行情，比如图 4 中目前选定的是“IO”，即沪深 300 股指期权的代码，下面显示的便是沪深 300 股指期权行情。第二个选择框为选定品种的到期月份，下拉菜单中共有 6 个选项，从 2107（17 天）至 2206（353 天），其含义为 2021 年 7 月合约至 2022 年 6 月合约，括弧中的天数代表该合约距到期的剩余日期。例如，其中第一个 2107（17 天），表示 2107 合约还有 17 天到期。2107 合约最后交易日为 7 月第三个周五就是 7 月 16 日，6 月 29 日至 7 月 16 日，正好是 17 天，注意，这个天数是包含所有节假日在内的自然日，并非交易日。图 4 中目前选定的是“2108（52 天）”，下面便显示出沪深 300 股指期权 2021 年 8 月合约的行情。

选择框右边显示的是合约标的物即沪深 300 指数的相关信息：当日沪深 300 指数收盘价 5190.545 点，涨跌 –61.215，幅度 –1.17%，成交金额为 3198.47 亿元。

“T 型报价”下面的中间“一竖”是行权价格，一横一竖组合起来就像个“T”字，所以叫 T 型报价。

图 4 中的行权价一共有 19 个，从最上面的 4550 点一直到最下面的 5900

点。行权价上方的标题为“购 < 行权价格 > 沽”，其中的“购”代表看涨期权，“沽”代表看跌期权（港人将看涨期权译为“认购期权”，将看跌期权译为“认沽期权”）。箭头指向的左边区域为“看涨期权”行情，箭头指向的右边区域为“看跌期权”行情。例如，对 5000 点的行权价，看涨期权的成交价为 234.0 点，看跌期权的成交价为 73.2 点。期权行情上方的标题栏目可自行编辑选择，图 4 选取了“最新”到“时间价值”等栏目。

T 型报价把同一到期时间、不同行权价格的看涨和看跌期权放在一个界面内显示，具有方便直观的效果，因此被交易者广泛使用。

行情 指标 风险 信息 合约选择: IO 2108(52天) 标的: 000300 最新: 5190.545 涨跌: -61.215 幅度%: -1.17 成交金额: 3148.97亿

时间价值	内在价值	买价/卖价	买量/卖量	涨跌	最新	购<行权价格>沽↑	最新	涨跌	买量/卖量	买价/卖价	内在价值	时间价值
26.9	640.5	607.6 / 620.8	1 / 1	---	---	4550.000	5.4	1.6	7 / 3	5.0 / 5.6	---	5.4
---	590.5	559.8 / 573.0	1 / 1	-49.0	568.8	4600.000	7.4	2.2	1 / 2	7.2 / 7.6	---	7.4
30.1	540.5	513.4 / 526.2	1 / 1	---	---	4650.000	10.2	3.0	2 / 2	10.0 / 10.4	---	10.2
---	490.5	467.0 / 479.2	1 / 1	-45.4	476.2	4700.000	13.8	4.0	2 / 3	13.6 / 14.4	---	13.8
---	440.5	422.8 / 433.8	1 / 1	-46.8	431.2	4750.000	19.0	4.8	1 / 3	18.8 / 19.6	---	19.0
---	390.5	379.6 / 391.2	1 / 3	-47.6	387.6	4800.000	25.6	7.4	1 / 1	24.4 / 25.4	---	25.6
16.9	340.5	338.6 / 348.6	1 / 1	-31.6	357.4	4850.000	32.6	7.6	1 / 1	32.8 / 35.2	---	32.6
15.3	290.5	299.4 / 309.4	1 / 1	-40.6	305.8	4900.000	42.8	9.4	1 / 1	42.6 / 42.8	---	42.8
29.7	240.5	260.4 / 272.6	1 / 1	-36.6	270.2	4950.000	55.6	11.0	1 / 1	55.6 / 58.2	---	55.6
43.5	190.5	230.0 / 235.0	2 / 1	-39.0	234.0	5000.000	73.2	16.0	1 / 1	71.2 / 74.4	---	73.2
82.5	90.5	170.0 / 174.2	3 / 1	-32.8	173.0	5100.000	109.6	19.0	2 / 1	110.2 / 111.4	---	109.6
122.0	---	118.8 / 123.6	1 / 2	-28.4	122.0	5200.000	158.6	23.0	2 / 1	160.0 / 164.8	9.5	149.1
84.6	---	81.4 / 86.4	2 / 1	-22.2	84.6	5300.000	220.4	28.0	2 / 1	222.0 / 224.0	109.5	110.9
56.2	---	55.8 / 58.4	1 / 1	-18.6	56.2	5400.000	292.4	33.0	1 / 1	293.8 / 300.0	209.5	82.9
36.0	---	35.8 / 38.2	1 / 1	-16.6	36.0	5500.000	372.0	38.0	1 / 1	369.6 / 382.6	309.5	62.5
23.8	---	23.6 / 25.6	2 / 3	-10.8	23.8	5600.000	460.6	44.0	1 / 1	456.0 / 466.0	409.5	51.1
15.8	---	15.4 / 16.0	1 / 2	-7.8	15.8	5700.000	550.8	42.0	1 / 1	545.2 / 561.4	509.5	41.3
11.0	---	10.8 / 11.0	4 / 1	-6.2	11.0	5800.000	637.8	37.6	1 / 1	639.8 / 656.6	609.5	28.3
7.6	---	7.6 / 8.0	3 / 4	-5.0	7.6	5900.000	712.4	2.2	1 / 1	736.2 / 753.2	709.5	2.9

图 4　沪深 300 股指期权 T 型行情（2021 年 6 月 29 日收盘）

3. 沪深 300 股指期权合约解读

有了前面图 3、图 4 的行情，就可以结合这些行情对合约的一些条款进行比较直观的解读了。

- 期权价格

期权价格就是期权买方为获得未来选择权而支付给卖方的权利金，这也是买方获得权利必须付出的代价，而价格的大小由买卖双方进行竞价产生。合约中的“报价单位”“最小变动价位”“每日价格最大波动限制”，实际上都是对期权报价的规范。注意，合约中的“行权价格”也有“价格”这两个字，但与“期权价格”是不同的概念，“行权价格”是期权合约的组成部分，挂牌后是不能更改变动的，而期权价格是买卖双方竞价的产物，是在不断变动的。期权买方付出的权利金与期货交易中交易者支付的保证金也是两码事。权利金是买方付给卖方而且是不能退还的，期货保证金是暂付给交易所作“担保”所用的，所有权还是交易者的，期货头寸平仓之后交易所会立即返还。

- 合约月份

合约规定设置的期权交割月份为：“当月、下 2 个月及随后 3 个季月”。注意，股指期货是“当月、下月及随后 2 个季月”，总共 4 个月份的合约。而股指期权有 6 个交割月份，在 2021 年 6 月 29 日，6 月合约早已结束，因此 7 月合约就成为“当月合约”，8 月、9 月合约就是“下 2 个月”的合约，“随后 3 个季月”为 2021 年 12 月、2022 年 3 月和 2022 年 6 月合约。2021 年 7 月 16 日（周五）是 7 月合约的最后交易日，也是到期日，交易结束后 7 月合约全部清算结束，这时已有的 8 月合约成为“当月合约”，9 月、10 月就是“下 2 个月”的合约，因此 7 月 19 日（周一）推出 10 月合约。

- 行权价格的设置

行权价格设置的上下限。合约规定“行权价格覆盖沪深 300 指数上一交易日收盘价上下浮动 10% 对应的价格范围”。比如，2021 年 6 月 28 日沪深 300 指数收盘价为 5271.76 点，上下浮动 10% 分别为 4744.584 点和 5798.936 点。行权价格将在此范围内产生。

行权价格的间距。合约规定“对当月与下 2 个月合约：行权价格≤2500 点时，行权价格间距为 25 点；2500 点 < 行权价格≤5000 点时，行权价格间距为 50 点；5000 点 < 行权价格≤10000 点时，行权价格间距为 100 点；行权

价格＞10000点时，行权价格间距为200点。对随后3个季月合约：行权价格≤2500点时，行权价格间距为50点；2500点＜行权价格≤5000点时，行权价格间距为100点；5000点＜行权价格≤10000点时，行权价格间距为200点；行权价格＞10000点时，行权价格间距为400点”。注意，5000点是个关键节点，“当月与下2个月合约”，5000点之下间距为50点，之上为100点。以8月合约为例，因为设置范围在4744.584点至5798.936点，故应该设置的行权价分别为：4750、4800、4850、4900、4950、5000、5100、5200、5300、5400、5500、5600、5700点。但有没有发现，在图4中，除了这些行权价之外，怎么还多出了4550、4600、4650、4700以及5800和5900这些行权价？其原因是股票指数是动态变化的，如果指数涨跌较大幅度，原先设置的行权价就可能覆盖不了以最新指数计算的上下10%的幅度，这时就必须增加新的行权价，而新的行权价所代表的合约一经推出就不可能取消。因此，行权价只会越来越多。

同样，我们看2022年6月合约，那是“随后3个季月合约”中的一个，按照“5000点之下间距为100点，之上为200点”的规则，如果是新推合约，应该设置的行权价分别为：4800、4900、5000、5200、5400、5600点。图3显示的6月合约行权价，除了包含上述的行权价之外还有4500、4600、4700及5800点4个行权价，原因与前述相同。

- 每日价格最大波动限制（涨跌停板）

股指期货的涨跌停板是“上一个交易日结算价的±10%”，比如，IF2107合约2021年6月28日的结算价为5217.8点，按10%计算的幅度为521.78，6月29日的涨停板＝5217.8＋521.78＝5739.58点，因为期货指数最小变动价位为0.2点，因此实际涨停板为5739.4点。同样可算出跌停板＝5217.8－521.78＝4696.02点，考虑最新变动价位则为4696.2点。

股指期权的涨跌停板规则为“上一交易日沪深300指数收盘价的±10%”。注意，股指期权的10%来自现货指数而非期权自身。

不妨看一下图3中的序号194，合约IO2206－C－5800的昨日结算价为

160.6 点，而沪深 300 指数的昨日收盘价为 5251.76 点，按 10% 计就是 525.176 点，于是今日涨停板为 160.6 + 525.176 = 685.776 点，同样考虑到最小变动价位为 0.2 点，因此实际涨停板为 685.6 点。再看跌停板的设置，跌停板 = 160.6 − 525.176 = −364.576 点，那可是个负值！难道买一个期权不仅可以不付钱还可以让对方再付一笔钱吗？显然是不可能的。实际上，中金所的《股指期权合约交易细则》里面早就做出了如下说明："前款计算结果小于最小变动价位的，以最小变动价位为跌停板价格"，也就是说跌停板为 0.2 点。

注意，在股票或期货中，涨跌停板幅度都是按照自身的价格设定的，比如股票价格的 10%，期货价格的 5%，因此股票或期货价格的涨跌幅不可能超出交易所的设定值。但期权的涨跌停板不是按照期权自身的价格设定的，而是按照期权的标的物设定的，但期权行情中的涨跌幅却是以期权价格作为计算依据的。因此，行情中的涨跌幅与期权标的物的涨跌幅实际上是两码事，两者之间会有很大的差异。不妨看一下图 4 的行情，当天沪深 300 指数跌了 1.17%，但期权价格呢，看涨期权中虚值期权的跌幅几乎都超过了 20%，而虚值看跌期权中有不少涨幅超过了 20%。

- 现金交割

股指期权合约的行权方式为欧式，买方只可在期权合约到期日当天行使权利。但因为行权时由交易所按照最后交易日的结算价进行现金交割，因此也不需要期权的买方到时提出行权要求。

交割结算价是最后交易日标的指数最后 2 小时的算术平均价，计算结果保留至小数点后两位。注意，沪深 300 股指期货也是现金交割，交割日与股指期权为同一天，交割结算价的产生方法完全相同，因此这个交割结算价实际上是两者共享的。

交割结算价出来后进入现金交割阶段，首先，虚值期权的结算价全部为零，仅需对实值期权进行结算。比如，2021 年 6 月 18 日收盘后，中金所公布 6 月交割的沪深 300 股指期货及股指期权的交割结算价为 5094.29 点。对看涨期权而言，凡是行权价 5100 点及之上的都是虚值期权，都自动清零；行权价在 5100 点之下的，中金所将交割结算价与行权价格的差额从卖方账户划拨给买方。比如，某交易者拥有 3 手行权价 5000 点的看涨期权多头，则可以获得（5094.29 - 5000）×100×3 = 28287 元，反之，对持有 3 手的空头而言，则需要支付 28287 元的差额。同样，对看跌期权而言，凡是行权价 5100 点之下的都是虚值期权，都自动清零；行权价在 5100 点及之上的，中金所将行权价格与交割结算价的差额从卖方账户划拨给买方。比如，某交易者拥有 5 手行权价 5200 点的看跌期权多头，则可以获得（5200 - 5094.29）×100×5 = 52855 元，反之，对持有 5 手的空头而言，则需要支付 52855 元的差额。

据中金所的信息公布，2021 年 6 月股指期权的到期未平仓量为 76352 手，到期未行权量为 61630 手，行权量为 14722 手。

4. 大商所豆粕期货期权合约及行情

大连商品交易所于 2017 年 3 月 19 日推出豆粕期货期权交易，这是国内第一个推出的期货期权。豆粕期货期权的标的物为豆粕期货合约，豆粕期货推出的日期为 2000 年 7 月 17 日。如表 5、图 5 所示。

表 5　大连商品交易所豆粕期货与豆粕期货期权合约

条款	豆粕期货	豆粕期货期权
交易品种	豆粕	
合约标的物		豆粕期货合约
合约类型		看涨期权、看跌期权
交易单位	10 吨/手	1 手（10 吨）豆粕期货合约
报价单位	元（人民币）/吨	元（人民币）/吨
最小变动价位	1 元/吨	0.5 元/吨
涨跌停板幅度	上一交易日结算价的 4%	与豆粕期货合约涨跌停板幅度相同
合约月份	1、3、5、7、8、9、11、12 月	1、3、5、7、8、9、11、12 月

续表

条款	豆粕期货	豆粕期货期权
交易时间	周一至周五 9：00—11：30，13：30—15：00，以及交易所规定的其他时间	同左
最后交易日	合约月份第 10 个交易日	标的期货合约交割月份前一个月的第 5 个交易日
到期日		同最后交易日
最后交割日	最后交易日后第 3 个交易日	
交割方式/交割等级/交割地点	实物交割/大连商品交易所豆粕交割质量标准（F/DCE M004－2020）/大连商品交易所豆粕指定交割仓库	
行权价格		行权价格范围覆盖豆粕期货合约上一交易日结算价上下浮动 1.5 倍当日涨跌停板幅度对应的价格范围。行权价格≤2000 元/吨，行权价格间距为 25 元/吨；2000 元/吨＜行权价格≤5000 元/吨，行权价格间距为 50 元/吨；行权价格＞5000 元/吨，行权价格间距为 100 元/吨
行权方式		美式。买方可以在到期日之前任一交易日的交易时间，以及到期日 15：30 之前提出行权申请
最低交易保证金	合约价值的 5%	
交易代码	M	看涨期权：M－合约月份－C－行权价格 看跌期权：M－合约月份－P－行权价格

注：豆粕期货与豆粕期货期权均已推出夜盘交易，夜盘交易时间 21：00—23：00。

行情 指标 风险 信息 合约选择：豆粕 2109(36天) 标的：m2109 最新：3639 涨跌：168 幅度%:4.84 成交量：1479674 持仓量：1151617

2108(6天) 2109(36天) 2111(105天) 2112(127天) 2201(159天) 2203(221天) 2205(280天)

持仓量	成交量	买量/卖量	买价/卖价	幅度%			购<行权价格>沽↑	最新	涨跌	幅度%	买价/卖价	买量/卖量	成交量	持仓量
15	0	1 / 1	710.5 / 770.0	---	[illegible]	[illegible]	2900	1.0	0.0	0.00	0.5 / 1.0	666 / 10	523	1117
42	0	1 / 1	660.0 / 719.5	---	[illegible]	[illegible]	2950	1.0	-1.5	-60.00	1.0 / 1.5	10 / 100	655	790
85	16	1 / 1	609.5 / 669.5	34.25	[illegible]	[illegible]	3000	1.5	-2.5	-62.50	1.5 / 2.0	10 / 506	4068	6648
118	9	1 / 1	560.0 / 619.5	33.10	141.5	569.0	3050	2.0	-5.0	-71.43	1.5 / 2.5	10 / 300	1963	3419
197	0	1 / 1	509.5 / 569.0	---	---	---	3100	2.0	-8.5	-80.95	1.5 / 2.0	283 / 140	3625	4266
227	80	1 / 1	460.5 / 520.0	45.25	152.5	489.5	3150	3.0	-13.5	-81.82	2.5 / 3.0	209 / 149	4932	6361
240	91	1 / 1	411.5 / 471.0	49.92	147.0	441.5	3200	5.0	-19.0	-79.17	4.5 / 5.0	62 / 81	10195	10754
1893	297	1 / 1	363.0 / 422.5	53.05	135.0	389.5	3250	6.5	-27.5	-80.88	6.0 / 8.0	1 / 3	11414	6761
2457	676	1 / 2	316.5 / 350.0	59.31	129.0	346.5	3300	11.5	-35.0	-75.27	10.5 / 12.0	15 / 35	16038	11446
3693	3981	30 / 30	271.0 / 330.5	62.13	114.0	297.5	3350	15.5	-47.0	-75.20	14.0 / 16.0	42 / 1	11610	7899
9207	4288	30 / 2	249.0 / 259.5	68.20	104.0	256.5	3400	22.0	-59.5	-73.01	21.0 / 22.0	18 / 19	19767	15011
10705	8387	30 / 5	210.5 / 225.0	73.71	92.5	218.0	3450	30.0	-74.5	-71.29	30.0 / 43.0	107 / 10	13628	8756
17014	23097	30 / 30	174.5 / 186.5	77.34	78.5	180.0	3500	42.5	-88.0	-67.43	42.5 / 44.5	20 / 30	17540	15239
6850	14421	73 / 1	141.5 / 147.0	81.48	66.0	147.0	3550	59.0	-101.0	-63.12	55.0 / 62.5	5 / 30	3833	6206
17313	27655	50 / 30	115.0 / 121.5	80.31	51.0	114.5	3600	80.0	-112.5	-58.44	78.5 / 81.0	14 / 1	11316	7593
13124	11593	2 / 1	87.5 / 93.5	88.89	44.0	93.5	3650	104.5	-123.5	-54.17	99.5 / 106.5	30 / 1	7921	4076
19235	21340	1 / 2	71.0 / 74.0	92.00	34.5	72.0	3700	135.0	-131.5	-49.34	130.5 / 165.0	30 / 30	4796	7009
9677	9724	30 / 20	54.0 / 59.0	100.00	28.5	57.0	3750	168.5	-138.5	-45.11	168.5 / 199.5	35 / 30	2692	2309
19298	18841	1 / 664	44.0 / 45.0	111.90	23.5	44.5	3800	207.0	-142.5	-40.77	200.5 / 237.0	1 / 1	393	1590
9602	5564	49 / 30	28.0 / 39.5	77.42	12.0	27.5	3850	245.5	-148.5	-37.69	216.0 / 275.5	1 / 1	31	610

图 5 豆粕期货期权 T 型行情（2021 年 7 月 1 日收盘）

5. 豆粕期货期权合约解读

- 合约月份与最后交易日/到期日

期货期权的标的物是期货合约，期货期权的合约月份与期货合约月份是一致的。在图 5 的 T 型行情上面的一横中第二个选择框的下拉表中，显示了豆粕期货期权的 7 个合约月份，现在选定的是第二个月份“2109（36 天）”，意即 2021 年 9 月到期的豆粕期货合约。

最后交易日是指期权合约可以进行交易的最后一个交易日，到期日是指期权合约买方能够行使权利的最后一个交易日。

最后交易日或到期日为“标的期货合约交割月份前一个月的第 5 个交易日”，以图 5 中选定的“2109（36 天）”合约为例，期权标的为 2021 年 9 月到期的豆粕期货合约，前一个月的第 5 个交易日就是 8 月 6 日，从 7 月 1 日开始计算，时长 36 天。

● 行权价格的设置

行权价格设置的上下限。合约规定“行权价格范围覆盖豆粕期货合约上一交易日结算价上下浮动 1.5 倍当日涨跌停板幅度对应的价格范围”。图 5 中上面一横中右面显示了豆粕 2109 期货合约当日收盘价为 3639 元，涨跌 168 元，可以倒推出上一交易日的结算价为 3471 元，豆粕期货的涨跌停板幅度为 7%，浮动 1.5 倍就是 $7\% \times 1.5 = 10.5\%$，按此计算就是 $3471 \times 10.5\% = 364.445$ 元。由此可得到行权价格设置的上下限分别为 3835.445（3471 + 364.445）元和 3106.555（3471 − 364.445）元，行权价格将在此范围内产生。

合约规定“2000 元/吨 < 行权价格 ≤ 5000 元/吨，行权价格间距为 50 元/吨”。由此可得出行权价设置应该从 3150 元、3200 元直至 3800 元。当日行情表中实际行权价更多，原因与前面股指期权“行权价的设置”中的说明相同。

● 每日价格最大波动限制（涨跌停板）

交易所规定豆粕期货期权的涨跌停板幅度与豆粕期货合约涨跌停板幅度相同。比如，在图 5 中上一交易日的结算价为 3471 元，豆粕期货的涨跌停板幅度为 7%，依此可算出涨跌停板幅度 = $3471 \times 7\% = 242.97$ 元。行权价 3800 元的看涨期权昨日结算价为 21 元，因此当天的涨停板 = $21 + 242.97 = 263.97$ 元，考虑到期权的最小变动价位为 0.5 元，实际的涨停板就是 263.5 元。当天该合约的期权价格上涨了 23.5 元，与昨日 21 元的期权结算价相比涨幅高达 111.9%。再看跌停板的计算，如果按 $21 - 242.97$ 计算就变成负值了，对此处理的办法就是取期权的最小变动价位 0.5 元作为跌停板。不妨再看行权价 3800 元的看跌期权，昨日的结算价为 349.5 元，因此涨停板 = $349.5 + 242.97 = 592.47$ 元，考虑最小变动价位就是 592 元，而跌停板 = $349.5 - 242.97 = 106.53$ 元，考虑最小变动价位就是 106.5 元，当天该合约的期权价格下跌了 142.5 元，与昨日的 349.5 元的期权结算价相比跌幅高达 40.77%。

期权价格的“涨跌”和“幅度”都是基于昨日结算价计算的，结算价怎么产生？前面介绍过股指期权，中金所是以收盘集合竞价产生的价格作为结算价，而大商所的规定是：除最后交易日外，交易所根据隐含波动率确定各期权合约的理论价，作为当日结算价。实际上，郑商所和上期所也都是这么算的，由于涉及隐含波动率这个比较复杂的概念，留待后面再讲解。

- 美式行权

交易所规定：买方可以在到期日之前任一交易日的交易时间，以及到期日 15：30 之前提出行权申请。可以在到期日之前行权这是美式期权的特征。

交易者在到期日之前任一交易日收盘前，通过交易下单系统下达行权期权指令，这时系统会审核你的账户上是否有足够的资金承担将期权转换为期货后需要的保证金。交易闭市后，交易所在对应持仓合约对手（卖方）中按照随机均匀抽取原则进行抽取配对，被抽取到的期权卖方必须履约。事实上因为由交易系统自动行权，卖方也无法拒绝。

比如在 2021 年 7 月 5 日，交易者甲持有 2 手 2021 年行权价 3400 元的 9 月豆粕看涨期权合约的多头，提出行权指令且被通过。交易所配对找到交易者乙。行权结束后，甲乙双方配对的期权头寸清零，甲账户上增加 2 手 9 月豆粕期货合约多头，买进成交价为 3400 元，同时乙账户上增加 2 手 9 月豆粕期货合约空头，卖出成交价为 3400 元。假如甲持有 3 手 2021 年行权价 3800 元的 9 月豆粕看跌期权合约的多头，乙是被配对者，行权结束后，双方账户上配对的期权头寸清零，甲账户上增加 2 手 9 月豆粕期货合约空头，卖出成交价为 3800 元，同时乙账户上增加 2 手 9 月豆粕期货合约多头，买进成交价为 3800 元。

交易者在行权后期权头寸转换为期货头寸，如果账户内正好具有方向相反的期货头寸，交易者可以在行权时要求将这些方向相反的头寸自动对冲。

在期权到期日，交易所规定：①买方可以在 15：30 之前提出行权申请行权；②价格小于当日标的期货合约结算价的看涨期权持仓自动申请行权；③行权价格大于当日标的期货合约结算价的看跌期权持仓自动申请行权；④期权买方也可以取消自动申请行权。其中第②第③条的实质是实值期权的买方不申请就视作自动申请，进入行权。最后一条是让那些拥有实值期权但不想行权的买方可以进行弃权操作，取消自动申请行权就意味着弃权。有人可能会疑问，最后一天了，还有人会放弃实值期权吗？事实上还是有人会放弃的。交易所对实值期权虚值期权的认定是建立在期货结算价基础上的，而期货结算价是该期货合约当日交易期间成交价格按成交量的加权平均价，与期货收盘价并不是一回事。比如，交割当日期货结算价为3610元，但收盘前价格暴跌至3570元。对行权价3600元的看涨期权而言，交易所认定为实值期权，其中有10元/吨的差价，但交易者以收盘价进行比较就是虚值期权，很可能不愿意行权了。当然，对那些程度较深的实值期权来说，买方是不太可能弃权的。

值得注意的是，尽管各期货交易所的期权交易原理、规则与制度基本上是相同的，但在具体细节上难免会有差异。对交易者而言，操作之前必须对这些细节予以重视，避免错误操作而导致损失。

6. 中金所股指期权的保证金

在期货交易中，买卖双方的权利义务是对称的，在价格涨跌不定的情况下，买卖双方的风险也是相同的。因而，交易所对买卖双方都收取保证金。然而，在期权交易中，情况就不一样了。对期权的买方而言，买方支付权利金后，其应尽的义务已经全部履行，因此没有理由要求期权买方再缴纳保证金。事实上，在期权交易实务中，期权多头不用缴纳保证金是通行规则。

期权的卖方收到权利金后，应尽的义务是在将来！如果将来的价格对自己不利怎么保证履约？所以交易所必须对期权的卖方收取保证金。由于同一个到期月份的期权有很多行权价格，其中有实值期权有虚值期权，卖出这些期权面临的风险是有差异的。因此，实值期权的保证金应该多收点，虚值期权的保证金可以少收点，对不同行权价收取不同水平的保证金也已经是期权交易中的通行规则。

中金所规定：

当日结算时，股指期权合约卖方缴纳的交易保证金标准为：

每手看涨期权交易保证金 =（合约当日结算价 × 合约乘数）+ max（标的指数当日收盘价 × 合约乘数 × 合约保证金调整系数 − 虚值额，最低保障系数 × 标的指数当日收盘价 × 合约乘数 × 合约保证金调整系数）

每手看跌期权交易保证金 =（合约当日结算价 × 合约乘数）+ max（标的指数当日收盘价 × 合约乘数 × 合约保证金调整系数 − 虚值额，最低保障系数 × 合约行权价格 × 合约乘数 × 合约保证金调整系数）

其中，股指期权合约的保证金调整系数、最低保障系数由交易所另行规定。看涨期权虚值额为：max[（本合约行权价格 − 标的指数当日收盘价）× 合约乘数，0]；看跌期权虚值额为：max[（标的指数当日收盘价 − 本合约行权价格）× 合约乘数，0]。

一大堆计算公式，看了是不是有点“晕菜”？不着急！理解这些公式与玩游戏差不多，告诉你通关密码，再举些例子，你就能通关了。

首先，看公式中有需要交易所发布的“保证金调整系数”和“最低保障系数”，实际上这两个数字是很少变动的，目前这两个数字分别为 12% 和 0.5。

其次，我们来搞清计算公式中经常出现一个运算符号 max［A，B］的含义，它是指为 A 和 B 两个数值中取大的一个，比如，max［3，5］=5，max［6，0］=6。

最后，公式中的“虚值额”的含义，所谓“虚值额”就是 1 手虚值期权的虚值金额，比如，标的指数收盘价为 4900 点时，行权价格为 5000 点的看涨期权就是虚值期权，虚值额 = max[（本合约行权价格 − 标的指数当日收盘价）× 合约乘数，0] = max[（5000 − 4900）× 100，0] = max[10000，0] = 10000 元。如果标的指数收盘价为 5100 点呢？行权价格为 5000 点的看涨期权就是实值期权，这时虚值额 = max[（5000 − 5100）× 100，0] = max[−10000，0] = 0。同样，看跌期权虚值额的原理是一样的。如果是实值期权，虚值额的计算结果就是 0。

现在我们可以来解读保证金计算公式了，将已知的参数代入看涨期权保证金公式，就是：

每手看涨期权交易保证金＝(合约当日结算价×100)＋max（标的指数当日收盘价×100×12%－虚值额，0.5×标的指数当日收盘价×100×12%)。该公式由两项组成，前项“合约当日结算价×100”的含义就是买方付给卖方的权利金的结算价，注意，尽管卖方卖出期权后“拿到”了权利金，但不能“拿走”，必须作为保证金的一部分。后项则是一个比较项。

假定要计算的是一个实值期权，那么虚值额就一定等于零，那么比较项中前面的数字明显大于后面的数字，于是后项就成为：标的指数当日收盘价×100×12%。将它与股指期货的保证金公式对照一下就可知道，它就是股指期货的保证金。显然，那个取值12%的“保证金调整系数”就是股指期货中的保证金比例！而比较项中后面又多出了一个取值0.5的“最低保障系数”是什么？那是对股指期货保证金打的折扣，取值0.5就是股指期货的保证金减半。

如果是虚值期权，比较项中的虚值额就大于零。这时有两种可能：一是减去了虚值额后，比较项中前面的数字还是大于后面的数字，那么比较项的取值还是前面那个数字，即max（标的指数当日收盘价×100×12%－虚值额，0.5×标的指数当日收盘价×100×12%)＝标的指数当日收盘价×100×12%－虚值额，这意味着虚值股指期权的保证金可以少交一部分，少交的部分就是虚值额。另一种情况是虚值额很大，以致减去了虚值额后，比较项中前面的数字小于后面的数字了，那么比较项的取值就是后面那个数字了，即max（标的指数当日收盘价×100×12%－虚值额，0.5×标的指数当日收盘价×100×12%)＝0.5×标的指数当日收盘价×100×12%，其含义是虚值期权后面部分的保证金可以打折，但极限就是0.5折。

案例5

假定标的指数收盘价为5000点，行权价格4800点为实值期权，行权价5200点和5500点都是虚值期权，行权价5500点的虚值程度更大。各行权价对应的合约当日结算价分别为300、

80及60点，如表6所示。各个合约的保证金分别为多少？

表6　　股指看涨期权保证金计算表

看涨期权	实值期权	虚值期权 A	虚值期权 B
标的指数收盘价（点）	5000	5000	5000
行权价（点）	4800	5200	5500
合约当日结算价（点）	300	80	60
保证金（元）	90000	48000	36000

计算：

实值期权的保证金 = 300 × 100 + 5000 × 100 × 12% = 90000（元）

虚值期权 A 的虚值额 = max[(5200 − 5000) × 100, 0] = 20000(元)

虚值期权 A 的保证金 = (80 × 100) + max(5000 × 100 × 12% − 20000, 0.5 × 5000 × 100 × 12%) = 8000 + max(60000 − 20000, 30000) = 8000 + 40000 = 48000(元)

虚值期权 B 的虚值额 = max[(5500 − 5000) × 100, 0] = 50000(元)

虚值期权 B 的保证金 = (60 × 100) + max(5000 × 100 × 12% − 50000, 0.5 × 5000 × 100 × 12%) = 6000 + max(60000 − 50000, 30000) = 6000 + 30000 = 36000(元)

从表6中可见，实值期权的保证金较高，虚值期权的保证金较低，虚值程度越大保证金越低。另外需注意的是卖方所缴纳的保证金中有一部分是买方所支付的权利金，如果扣除这部分可以称之为“净保证金”，从行权价4800点的实值期权计算中可知，净保证金为60000元，与股指期货的保证金相同。

看跌期权的保证金公式与看涨期权完全相同，唯一的差别是在计算虚值额时看涨期权虚值额为“本合约行权价格 − 标的指数当日收盘价”，而看跌期权虚值额为“标的指数当日收盘价 − 本合约行权价格”。

7. 大商所、郑商所及上期所的期权保证金

大商所、郑商所及上期所推出的都是期货期权，在期权保证金的计算方法上基本相同。

大连商品交易所规定，期权卖方交易保证金的收取标准为下列两者中较大者：

（一）期权合约结算价 × 标的期货合约交易单位 + 标的期货合约交易保证金 –（1/2）× 期权虚值额；

（二）期权合约结算价 × 标的期货合约交易单位 +（1/2）× 标的期货合约交易保证金。

初看大商所的期权保证金表述，似乎与中金所的股指期权保证金有很大不同，但其实质是一样的，如果把它改写成中金所的形式，那就是：

期权保证金 = 期权合约结算价 × 标的期货合约交易单位 + max［标的期货合约交易保证金 –（1/2）× 期权虚值额，（1/2）× 标的期货合约交易保证金］。

仔细比较可以发现，大商所的虚值额减除部分前面有一个系数“（1/2）”，意味着可减除虚值额按一半计算。

交易者要知道各期权合约的保证金，除了自己计算外，也可以通过交易所网站查询，查询方式为“业务/服务”→“交易参数”→“日交易参数”。“日交易参数”包括“交易保证金（投机和套保分列）”“涨跌停板幅度与价位”及“持仓限额”，式样可参见表 7，交易所公布的时间为上一交易日的收盘后。现在表中仅列出了豆粕 2109 合约以及豆粕 2109 期货期权中的一小部分合约。

表 7　　大连商品交易所 2021 年 7 月 7 日合约参数一览表

合约	交易保证金（投机）		交易保证金（套保）		涨跌停板			持仓限额（手）		
	比例	金额（元/手）	比例	金额（元/手）	涨跌停板比例	涨停板价位（元）	跌停板价位（元）	限仓模式	非期货公司会员	客户
m2109	0.08	2915.2	0.07	2550.8	0.07	3899	3389	分开限仓	231995	115997
m2109－C－2500	－	14355.2	－	13990.8	－	1399	889		本系列限额 40000	本系列限额 40000
m2109－C－2550	－	13855.2	－	13490.8	－	1349	839			
……	……	……	……	……	……	……	……			
m2109－C－4100	－	1492.6	－	1310.4	－	258.5	0.5			
m2109－C－4150	－	1477.6	－	1295.4	－	257	0.5			
m2109－P－2500	－	1462.6	－	1280.4	－	255.5	0.5			
m2109－P－2550	－	1462.6	－	1280.4	－	255.5	0.5			
……	……	……	……	……	……	……	……			
m2109－P－4100	－	7510.2	－	7145.8	－	714.5	204.5			
m2109－P－4150	－	7995.2	－	7630.8	－	763	253			

从表 7 中可见，9 月豆粕期货看涨期权的保证金从一开始的 14355.2 元（行权价 2500 元）一路降低至 1477.6 元（行权价 4150 元），2021 年 7 月 6 日豆粕 2109 合约结算价 3644 元，行权价越小，实值程度越高，保证金也越高；行权价越高，虚值程度越高，保证金就越小。对看跌期权则相反，行权价 2500 元的虚值期权保证金只有 1462.6 元，而行权价 4150 元的实值期权的保证金需要 7995.2 元。

郑商所规定，期货期权卖方交易保证金的收取标准为下列两者中较大者：

（一）期权合约结算价 × 标的期货合约交易单位 + 标的期货合约交易保证金 − 期权合约虚值额的一半；

（二）期权合约结算价 × 标的期货合约交易单位 + 标的期货合约交易保

证金的一半。

与大商所的公式相比，不难发现两者几无差别，同样，上期所的计算方法也是如出一辙，不再赘述。

【小贴士】期权组合的保证金

对单一的期权空头收取足额保证金，是因为单一空头期权的风险很大，比如，某交易者卖出3手9月豆粕期货的平值期权后，9月豆粕期货价格大幅上涨，结果自然是导致期权持仓大幅亏损，还好因为当初收了很多保证金，再加上每日清算制度，可以避免出现爆仓的结局。如果另一交易者在当初卖出3手期权的同时还买进了3手9月豆粕期货合约，同样面临9月豆粕期货价格大幅上涨的情况，那情况又会怎样呢？不难想到，这3手期权空头将安然无恙，因为它的风险已经被那3手期货合约的多头覆盖了。问题是在这种情况下，还有必要对其收取足额的保证金吗？

交易者除了持有期权空头外，还会持有其他头寸，其中一些头寸组合在风险上明显具有对冲性，实际风险并不高。事实上，国内4家期货交易所关于期权的保证金规则中，都有“针对期权交易不同的持仓组合，交易所可规定不同的交易保证金收取标准”的条款。但在实践中，大商所和郑商所已先行一步付诸实施。

以大商所为例，参与组合保证金优惠的品种、合约、持仓属性、组合类型、组合方式、组合优先级、交易保证金标准等信息均可以通过交易所网站查询，查询方式为“业务/服务”→“交易参数”→“组合优惠参数”。表8为大商所组合策略的保证金优惠收取方法一览表。

表 8　大连商品交易所组合策略一览表（自 2020 年 6 月 24 日结算时起）

策略名称	策略描述	交易所保证金收取标准	X 值
期货对锁	在同一期货品种同一月份合约上建立数量相等、方向相反的头寸	期货高腿保证金	—
期货跨期	在同一期货品种的不同月份合约上建立数量相等、方向相反的头寸		
期货跨品种	在不同期货品种合约上建立数量相等、方向相反的头寸		
卖出期权期货组合	卖出看涨期权，同时买入对应期货合约	期货保证金 + 期权权利金结算价 × 交易单位	—
	卖出看跌期权，同时卖出对应期货合约		
期权跨式	卖出相同期货合约的相同执行价格的看涨期权和看跌期权	max（看涨期权保证金，看跌期权保证金）+另一方权利金结算价 × 交易单位	—
期权宽跨式	卖出低执行价格的看跌期权和高执行价格的看涨期权		
期权对锁	在同一期权品种同一系列同一合约上建立数量相等、方向相反的头寸	X × 卖期权保证金	0.2
买入垂直价差	买进低执行价格的看涨期权，同时卖出相同期货合约的高执行价格的看涨期权	X × 卖期权保证金	0.2
	买进高执行价格的看跌期权，同时卖出相同期货合约的低执行价格的看跌期权		
卖出垂直价差	卖出低执行价格的看涨期权，同时买进相同期货合约的高执行价格的看涨期权	min（执行价格之差 × 交易单位，空头期权保证金）	—
	卖出高执行价格的看跌期权，同时买进相同期货合约的低执行价格的看跌期权		
买入期权期货组合	买入看涨期权，同时卖出对应期货合约	X × 期货保证金	0.8
	买入看跌期权，同时买入对应期货合约		

注：对于期权跨式及期权宽跨式，如果看涨期权保证金 = 看跌期权保证金，则：

期权组合保证金 = max（看涨期权保证金，看跌期权保证金）+ max（看涨期权权利金 × 交易单位，看跌期权权利金 × 交易单位）。

表 8 中共计 10 种策略，其中前 3 种是纯期货间的对锁或套利，后面 7 种策略都涉及期权。涉及期权的 7 种策略中，前 3 种策略推出时间 2019 年 6 月 6 日，后面 4 种推出时间为 2020 年 6 月 24 日。

小贴士开始所说情况就是表中的第 4 种策略，优惠之后期权的保证金仅收保证金公式中的权利金部分。

8. 做市商制度和期权持仓限额

- 做市商制度

如果将期权合约与期货合约相比，一个明显的特点就是期权合约的数量十分庞大。在前面的图 3 中可见，沪深 300 股指期权合约总数量达到 204 个，而股指期货只有 4 个合约。同样，豆粕期货共有 7 个合约月份，而豆粕期货期权合约达到 398 个。

这么多合约同时交易，自然会出现热门合约和冷门合约的现象，通常，交易者对平值期权及上下几个合约的关注度比较高，这些合约也容易成为热门合约。但是，当期权标的物价格出现较大涨跌后，原来的平值期权将转变为深度实值或深度虚值期权，热门合约逐渐转变为冷门合约，甚至会导致一些想平仓的交易者因为没有对手报价而无法平仓。

缓解期权市场流动性匮乏的一个重要措施是实施做市商制度，事实上做市商制度也已经成为全球期权交易的标配。国内四家期货交易所也都推出了做市商制度。你可以在这些交易所的网站上找到“××××期货交易所做市商管理办法”。

在香港及台湾，人们习惯上把做市商制度称为“庄家”制度。由于“庄家”一词在国内几乎已经成为市场操纵者的代名词，难免引起误解。其实，此“做市商庄家”与“市场操纵者庄家”完全是两码事，可以说是“名相如实不相如”。

期货交易所的做市商是指经交易所认可，为指定期货、期权品种的合约提供双边报价等服务的法人或者其他经济组织。做市商双边报价分两类：一是做市商在交易时间内按做市商协议的约定，主动提供持续性双边报价；二是做市商在交易时间内按协议约定，对收到询价请求的合约进行双边报价。

作为期货交易所认可的做市商，享有一定的义务和权利。

按照协议进行双边报价是做市商的义务。协议对做市商报价的买卖价差有相应的要求。除此之外，还有最小报价数量、参与度、回应报价最长时限、回应报价保留最短时间等要求。交易所会对做市商的做市行为定期进行评分，评分的高低不仅关乎做市商的手续费高低，还涉及是否还能保留做市商的资格。做市商在协议约定期限内未完成约定义务的交易所可以取消其相应的资格，只有完成协议约定的义务方可享有交易手续费减收等权利。

由于做市商并非一家，而是一群，他们也是在竞价制度下进行竞争，因此做市商并没有垄断优势，不可能也无法操纵市场。实施做市商制度对提高期权市场的流动性和稳定性都有积极的作用。

- 持仓限额

持仓限额制度是交易所风控制度的组成部分，目的是防范操纵市场价格的行为，也是防止期货市场风险过度集中于少数投资者的制度。

期权的限仓与期货的限仓在计算方法上有所不同。在期货交易中的限仓限额比较简单，限仓是指会员或者客户“按单边计算的某一期货合约的投机持仓”的最大数量，比如，看前面的表 7，其中豆粕期货 2109 合约非期货公司和客户的持仓限额分别为 231995 手和 115997 手。

期权限仓规定是指会员或者客户“按单边计算的某月份期权合约投机持仓”的最大数量。这里有两点需注意，其一，“某月份期权合约”不是指一个期权合约，而是指该月份所有行权价在内的期权合约，对此不妨称为该月份的“系列”期权合约。其二，“单边计算”在期货中不言自明，但在期权中定义的单边是：多头是指“某月份期权合约中所有看涨期权的买持仓量和看跌期权的卖持仓量之和”；空头是指“看跌期权的买持仓量和看涨期权的卖持仓量之和”。对此，同样可参看前面的表 7，非期货公司和客户的豆粕期货期权 2109 系列合约持仓限额都是 40000 手。

此外，4 家期货交易所对“套期保值、套利交易以及从事做市商业务的持仓限额”都有相应的特殊规定。

最后，4 家期货交易所对期货和期权都是采取分开限仓规定的。但应该注意到，期货期权在行权后期权头寸将转换为期货头寸，期货头寸会因此而增加，如果超出期货限仓标准的，会遭到交易所强行平仓。当然这种情况在采用现金交割的股指期权上是不可能发生的。

9. 期权交易的操作

在交易操作方面，期权交易与期货交易基本上相同。事实上，期权交易与期货交易使用的是同一个交易软件，图 6 为交易者常用的快期交易系统交易页面。

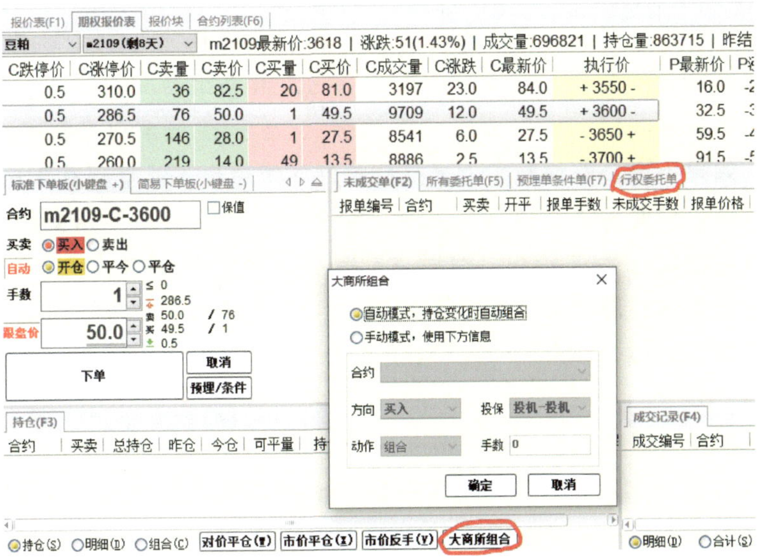

图 6　快期交易系统交易页面

图 6 的上端为期权行情。当你希望买卖行情端中的某一个期权合约时，只要对其点击，下单交易窗口中的合约框即会自动显示该合约，现在显示的是豆粕 2021 年 9 月期货行权价为 3600 元的看涨期权；接下来，你可以在下面的“买卖”中选择“买入”或者“卖出”，现在选择了“买入”；再下面是开仓平仓的选择；然后是填入“手数”，注意，每次交易最大下单数量是有限制的，不同的品种规定的数量不一样，豆粕期权为 100 手；接下来就是委托价格，你可以选择“指定价”或“跟盘价”，所谓“跟盘价”是指价格自动针对着行情中的对手价变动，比如，现在是买入，对手价就是卖价，现在卖价为 50 元，则委托的买价就为 50 元。“跟盘价”相当于市价指令，容易成交，但如果遇到跳跃性行情，成交价格容易失控，“指定价”的优点是成交价格不会失控，但有可能无法成交。指令单完成后只要点击下面的“下单”，委托交易指令就发出了。

开仓交易成交后，即转为持仓，所有的持仓都可以在图 6 下端的“持仓”清单中看到。注意，持仓栏目下端最右边有一个“大商所组合”键，点击即显示上面的浮窗，浮窗中有“自动模式”和“手动模式”两个选项，“自动模式”是指持仓中的头寸凡是符合大商所指定套利组合配对的头寸自动按照优惠组合保证金收取。如果选择“手动模式”，则需要自己选择持仓中对应的组合，如果不选，即使事实上是符合条件的组合也不能享受优惠保证金。

平仓时，只要点击“持仓”清单中需要平仓的头寸，下单交易窗口中的合约框就会自动显示该合约，然后在交易窗口中选择买卖方向、选择平仓、填入数量及价格，再点击下面的“下单”平仓委托指令就发出了。另一种快捷平仓方式是通过点击下端的“对价平仓”“市价平仓”或“市价反手”进行。

美式期权可以提前行权，只要用鼠标右键点击持仓板块，在显现的浮窗中点击“行权”选项。然后在期权持仓清单中选择要提交的行权合约，按照要求填入数量等指令，点击“执行”后行权指令即发出。所有委托指令发出后均可在图 6 中部右侧的委托板块中显现，委托板块共分“未成交单”“所

有委托单”“预埋单条件单”及“行权委托单”四类。

如果进行期权组合套利交易，可以通过行情页面中的“期权策略”或“组合策略”进行。图 7 是文华财经的期权行情，注意上端右侧有一个“组合策略”按键，点击此按键即可出现下面的图 8。

在图 8 的题头中有一系列的“组合策略”，现在选定的是“跨式盘整”。在列表中选择相应的行权价，现在选定的是 17600 元组。选定后下面的委托栏即出现该组合策略的清单，接下来可以对此委托单的数量、价格、开平仓等进行选择，全部完成后点击“下单”即可。

在期权组合平仓时，只要在持仓中点击希望平仓的组合，然后按照需要对数量、价格等进行调整，最后点击“下单”即可。

赢顺云端交易 - Ver6.8.300　文华云节点-浙江电信　期权链

标的	合约名称	最新	涨跌	涨幅%	成交量	持仓量
棉花 CF111 到期日 20211012（剩余66天）	郑棉2111	17680	270	1.55%	7706	组合策略

卖价	买价	涨跌	最新	看涨	〈行权价〉	看跌	最新	涨跌	买价	卖价
206	198	38	198	C	18800	P	----	0	633	----
288	71	52	236	C	18600	P	----	0	474	2411
371	205	67	284	C	18400	P	----	0	381	----
459	157	93	348	C	18200	P	916	-125	28	----
528	383	99	400	C	18000	P	774	-114	192	----
490	478	119	478	C	17800	P	645	-102	121	----
680	417	81	507	C	17600	P	520	-95	110	780
----	300	174	680	C	17400	P	419	-77	107	----
----	370	107	710	C	17200	P	297	-97	104	----
1680	501	203	918	C	17000	P	227	-80	81	----
----	159	203	1045	C	16800	P	164	-71	58	195

全部　看大涨　看大跌　看小涨　看小跌　看不涨　看不跌

图 7　文华财经的期权行情

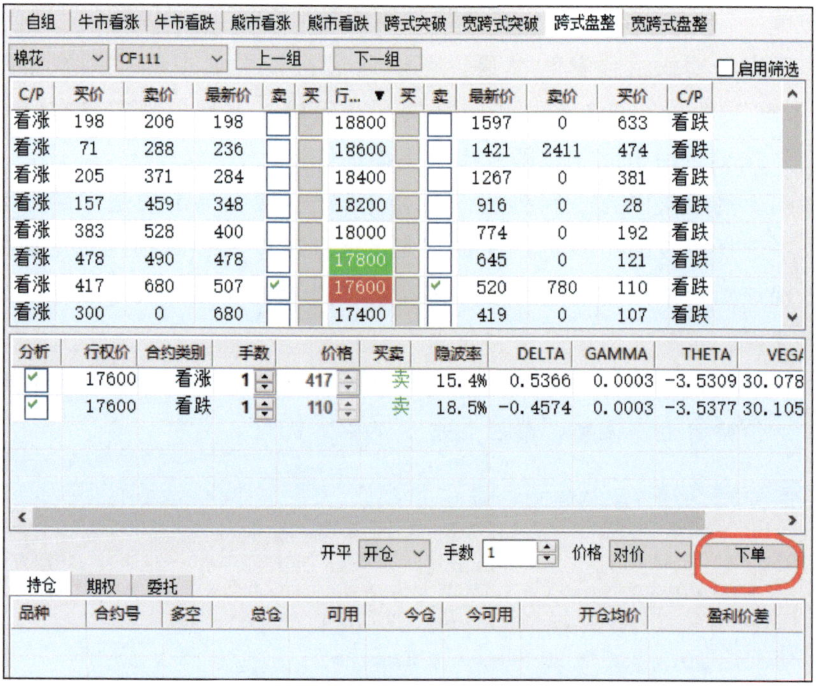

图 8 期权组合套利交易下单

期权价格，谁主沉浮？

期权的本质是“保险”，期权的价格就是“保险”的价格。影响保险价格的高低不仅与被保险的对象自身价格高低有关，还与保险时间长短、被保险对象自身的风险率高低等因素有关。同样道理，影响期权价格的因素有很多，那么究竟有哪些因素？影响力度如何？能否量化？能否得到一个计算模型？下面对这个议题来聊聊。

1. 期权价格的命门——时间

我们先来看一个 2021 年 7 月 9 日沪深 300 股指期权的行情，当日沪深 300 指数收盘在 5069. 436 点。图 9 是股指期权 2107 合约收盘行情，图 10 是 2109 合约收盘行情。两个合约的到期时间一个还有 7 天，另一个还有 70 天，相差 63 天。

同样是行权价 5200 点的看涨期权，7 月期权合约的成交价只有 8. 2 点，而 9 月期权合约则是 98. 6 点，差距不是一点点！再看行权价 5000 点的看跌期权，7 月期权合约的成交价为 26. 8 点，而 9 月期权合约则是 141. 2. 6 点，差距也不小！原因何在？

秘密就在于时间！

对当日指数 5069.436 点而言，5200 点的看涨期权无疑是虚值期权，未来一段时间内，指数涨到 5200 点之上（意味着至少上涨 130.564 点，上涨 2.58%）的可能性有多大，交易者自会做出评估，尽管这种评估是因人而异的，但有一点是可以达成共识的，那就是可能性的大小与时间有关，时间越长可能性越大，时间越短可能性越小。对那些愿意付出权利金购买期权的交易者而言，愿意支付价格的大小与可能性大小也是成正比的。7 月合约，还有一周时间，能够上涨超过 2.58% 吗？交易者有点迟疑，于是乎，权利金价格只有 8.2 点，而 9 月份到期的合约，还有两个月多的时间，可能性太高了，于是乎，权利金价格成交价高至 98.6 点。对行权价 5000 点的看跌期权，9 月价格远高于 7 月价格的道理是相同的。

时间是期权的生命。在期权交易中，时间具有价值，时间就是金钱！

行情 | 指标 风险 信息 合约选择: IO 2107(7天) 标的: 000300 最新: 5069.436 涨跌:

时间价值	内在价值	幅度%	涨跌	最新	购<行权价格>沽↑	最新	涨跌	幅度%	内在价值	时间价值
---	369.4	-2.96	-11.2	366.6	4700.000	0.6	0.0	0.00	---	0.6
---	319.4	-6.12	-20.2	309.6	4750.000	0.8	0.2	33.33	---	0.8
---	269.4	-7.89	-22.0	257.0	4800.000	2.0	0.6	42.86	---	2.0
---	219.4	-9.37	-21.6	209.0	4850.000	3.4	0.4	13.33	---	3.4
---	169.4	-13.49	-24.8	159.0	4900.000	7.2	1.4	24.14	---	7.2
---	119.4	-17.47	-24.6	116.2	4950.000	14.2	2.2	18.33	---	14.2
10.6	69.4	-21.41	-21.8	80.0	5000.000	26.8	4.4	19.64	---	26.8
29.2	---	-30.81	-13.0	29.2	5100.000	77.4	14.2	22.47	30.6	46.8
8.2	---	-36.92	-4.8	8.2	5200.000	154.8	18.8	13.82	130.6	24.2
2.6	---	-35.00	-1.4	2.6	5300.000	248.6	24.8	11.08	230.6	18.0
1.4	---	-22.22	-0.4	1.4	5400.000	346.4	22.8	7.05	330.6	15.8
1.0	---	0.00	0.0	1.0	5500.000	448.8	25.8	6.10	430.6	18.2
0.6	---	-25.00	-0.2	0.6	5600.000	548.8	26.2	5.01	530.6	18.2

图 9　股指期权 2107 合约收盘行情（2021 年 7 月 9 日）

行情 指标 风险 信息 合约选择: IO 2109(70天) 标的: 000300 最新: 5069.436 涨跌:

时间价值	内在价值	幅度%	涨跌	最新	购<行权价格>沽↑	最新	涨跌	幅度%	内在价值	时间价值
12.2	369.4	-5.82	-23.6	381.6	4700.000	41.0	1.2	3.02	---	41.0
20.4	319.4	-6.85	-25.0	339.8	4750.000	53.8	3.8	7.60	---	53.8
38.0	269.4	-5.30	-17.2	307.4	4800.000	66.0	5.6	9.27	---	66.0
53.6	219.4	-5.73	-16.6	273.0	4850.000	82.0	8.4	11.41	---	82.0
73.0	169.4	-5.02	-12.8	242.4	4900.000	99.2	9.4	10.47	---	99.2
88.6	119.4	-6.64	-14.8	208.0	4950.000	117.4	9.4	8.70	---	117.4
111.8	69.4	-7.74	-15.2	181.2	5000.000	141.2	13.4	10.49	---	141.2
134.4	---	-6.54	-9.4	134.4	5100.000	189.8	11.4	6.39	30.6	159.2
98.6	---	-6.63	-7.0	98.6	5200.000	256.2	18.4	7.74	130.6	125.6
69.8	---	-8.16	-6.2	69.8	5300.000	328.4	20.8	6.76	230.6	97.8
49.4	---	-7.14	-3.8	49.4	5400.000	410.0	24.6	6.38	330.6	79.4
35.0	---	-8.38	-3.2	35.0	5500.000	---	---	---	430.6	38.4
27.0	---	-1.46	-0.4	27.0	5600.000	577.0	20.2	3.63	530.6	46.4

图 10 股指期权 2109 合约收盘行情（2021 年 7 月 9 日）

2. 期权的内在价值与时间价值

从理论角度分析，期权的价格可以分解成内在价值（Intrinsic Value）和时间价值（Time Value）两个部分，也有将“内在价值”译为“内涵价值”的。若用公式表示即是：期权价格 = 内在价值 + 时间价值。

期权的内在价值是指如果能立即以行权价格履约时可以得到的收益，实际上它就是实值期权中的实值部分。

而时间价值是指期权价格扣除内在价值后剩余的部分，即权利金中超出内在价值的部分，也被称为外在价值（Extrinsic Value）。它是指当期权的买方希望在期权的剩余期内，相关标的物价格的变动有可能使期权增值而愿意付出的代价。它同时也反映出期权的卖方所愿意接受的卖价。因此，确定时间价值的根本因素在于期权的买方和卖方对未来时间内标的物价格变动的趋势及相应的期权价值的变动的判断，是由买卖双方通过公开竞价活动形成的。

例如，在图 10 中，沪深 300 股指看涨期权合约中的行权价格为 5000 点，因为当时沪深 300 股指为 5069.4 点，相应的权利金价格为 181.2 点。其内在价值即实值部分为 5069.4 - 5000 = 69.4 点；权利金价格 181.2 点扣除其内在价值 69.4 点后还有 111.8 点，这 111.8 点便是该期权价格的时间价值。

又如，行权价 5100 点的看跌期权的权利金价格为 189.8 点。其内在价值即实值部分为 5100 - 5069.4 = 30.6 点；权利金价格 189.8 点扣除其内在价值 30.6 点后还有 159.2 点，这 159.2 点便是该期权价格的时间价值。

对虚值期权而言，由于不存在实值部分，自然没有内在价值或内在价值等于零。对虚值期权，期权价格的全部都是时间价值。虚值期权之所以值钱，全是因为它具有时间价值。例如，在图 10 中，行权价 5300 点的看涨期权为虚值期权，但权利金价格为 69.8 点。这 69.8 点便是该期权的时间价值。买方之所以愿意以 69.8 点买进这个期权纯粹是因为该期权具有的时间价值。

显然，对平值期权而言，其内在价值也为零，因此平值期权的价格体现的也是时间价值。期权权利金构成如图 11 所示。

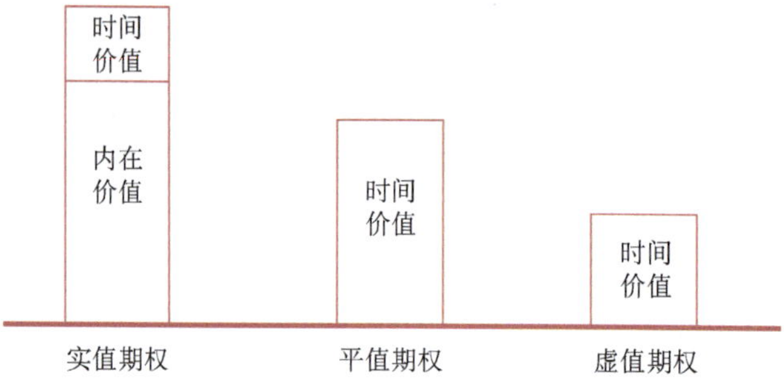

图 11　期权权利金构成示意

- 为什么平值期权的时间价值最大？

将内在价值从期权价格中剥离，期权价格中剩下的就是时间价值，剥离之后期权的时间意义可以看得更清楚。

若观察图 10 中的时间价值，是不是能看到一个重要现象：无论是看涨期权还是看跌期权，尽管不同的行权价对应的时间价值有大有小，但时间价值都呈现出中间高两头低的特征。若进一步仔细观察，可以发现，时间价值最高处基本上位于平值期权附近。

实际上，时间价值的高点在平值期权处或附近是期权交易中的一个普遍现象。

平值期权的交易通常最活跃的，之所以最具吸引力，还是与其具有最大的投机价值有关。在平值期权处，期权随着标的物价格的小幅涨跌就会转为实值或者虚值，一旦转向实值，期权的买方马上就能获利，反之，转向虚值则卖方马上就能获利。

虚值程度较浅的期权也具有平值期权的特性。但虚值程度较深时，由于转为实值的可能性相对较小，这意味着买方盈利的可能性也小，因而其时间价值相对低于平值期权是合理的。虚值程度越深，其时间价值也就越低。

同样，较浅的实值期权也具有平值期权的特性。但随着实值程度越来越深，其不经济性的作用会逐步显现出来。例如，图 10 中标的物指数为 5069.4 点，行权价 5000 点和 4700 点的看涨期权都是实值期权，前者是浅实值期权，后者是深实值期权，前者权利金为 181.2 点，后者为 381.6 点，假定到交割时股指上涨了 430.6 点到 5500 点，前者获利 318.8（即 500 − 181.2）点，后者获利 418.4（即 800 − 381.6）点，前者的获利率是 318.8/181.2 = 176%，后者是 418.4/381.6 = 110%。假定交割时股指下跌了 369.4 点到 4700 点，两者的权利金都损失掉，由于后者的权利金更大，所以损失也更大。期权买方的优势是以较小的权利金博取较大的利润，深度实值期权的权利金太高，实际上承担了过高的风险。

- 时间价值衰减规律

如果将图 10 和图 9 比较，不难发现，同类型期权同一行权价对应的时间价值相差甚大。比如，行权价 5000 点的看涨期权和看跌期权，图 10 显示的时间价值分别为 111.8 点和 141.2 点，而图 9 则分别为 10.6 点和 26.8 点；行权价 5200 点的看涨期权和看跌期权，图 10 分别为 98.6 点和 125.6 点，而图

9则分别只有8.2点和24.2点。原因是什么很容易理解，因为图10代表的期权还有70天到期，而图9代表的期权只有7天就到期了。离到期日越近，期权的时间价值就越小，在到期日不再有任何时间价值，或者说时间价值为零，此时期权的价值就只有内在价值了。

【小贴士】负时间价值与无风险套利

如果将期权价格公式“期权价格 = 内在价值 + 时间价值”移项，可得到：

时间价值 = 期权价格 − 内在价值

一般而言，期权价格总是大于内在价值，故时间价值应该是≥0。但如果期权价格小于内在价值呢？岂不是时间价值为负了吗？

在实际交易中，有可能出现吗？

看一下前面的图9，行权价4700点至4950点的看涨期权的权利金居然都低于内在价值，以致时间价值栏目中数字都只能空缺！比如，行权价4900的权利金为159点，内在价值为169.4点，时间价值 = 159 − 169.4 = −10.4点，是不是有点不可思议！

时间价值为负，意味着权利金被低估，如果标的物可以做空，意味着可以进行无风险套利。

无风险套利方案为：以159点的权利金买进行权价4900点的看涨期权，同时在5069.4的价格卖出现货指数。假定到期日指数为X≥4900点，则期权收益 = X − 4900 − 159，现货收益 = 5069.4 − X，两者合计 = 5069.4 − 4900 − 159 = 10.4点，假定到期日指数为X < 4900点，则期权作废，损失159点，现货收益 = 5069.4 − X，合计 = 5069.4 − X − 159 = 4910.4 − X，因为X < 4900，所以合计收益一定大于10.4点。显然，在不考虑手续费和资金成本的情况下，无论到期日指数涨跌，这笔交易最少收益为10.4点。这10.4点的无风险利润来自何方？实际上，就是来自交易中出现的负时间价值。

遗憾的是，无风险套利的实施是有条件的，其中最重要的是可以同步卖出现货指数，现货指数无法卖空，套利也就成了水中月和镜中花！

可能有人会想到，沪深300股指期货可以做空，沪深300股指期货与沪深300股指期权的交割日相同，而且最后的现金交割价也完全一致，对上面的例子而言，卖出7月份的沪深300股指期货代替现货指数卖空进行套利不行么？

能想到这一点的人很了不起，利用7月的沪深300股指期货代替现货指数的确是一种可以选择的方案。但是，当你操作时会发现，当日沪深300现货指数收盘于5069.4点，而7月沪深300股指期货收盘价为5051点，低了18.4点，比权利金低估的10.4点还低。股指期货价格更低，自然无法用其作为替身。事实上，如果当时的股指期货不是处于贴水状况，并且处于可交易状态，一定会触发套利盘，当套利者出手时，时间价值想维持负值现象是很难的。

至此可以明白，时间价值出现负值的原因与套利机制失衡有关，如果套利机制畅通，时间价值是很难出现负值的。国内四大期货交易所中除股指期权外，其余的都是期货期权。由于期货期权通常采用美式行权方式，套利机制的畅通程度大大高于欧式期权，因此时间价值负值情况即使偶尔出现也是难以持续的。假定图9的行情为期货期权，那套利即刻就能完成，方法为：以5069.4卖出期货合约；以159点的权利金买进行权价4900点的看涨期货期权，并且立即提出行权并要求行权后将转换得到的期货多头与期货空头对冲。收盘清算后，账户上除了多出了套利收益外没有任何多余头寸。

现在，你能理解下述说法的原因吗？同等条件下，美式期权的权利金通常会比欧式期权的权利金略高一些。

最后要提醒各位注意的是“伪时间价值”现象。所谓“伪时间价值”是指成交不活跃的期权，由于长时间没有成交，盘面显示的实际上是一段时间之前的成交价，由于标的物价格已经出现较大幅度变化，导致“内在价值”及“时间价值”的测度实际上是失真的。

3. 标的物价格的变动与行权价的选择

- 标的物价格与期权价格的关系

标的物价格的高低与期权价格有着直接的关系，因为期权的看涨或看跌本身就是针对标的物而言的，实值期权和虚值期权的划分也是通过标的物与行权价的高低比较而得到的。

不难想到，当标的物价格上涨时，看涨期权的价格会上涨，这说明当初买进看涨期权的交易者看对了；相反，看跌期权的价格会因此下跌。

对此不妨看一下前面的图5，当天作为标的物的豆粕9月期货合约收盘于3639元，与上一交易日结算价相比上涨了168元，涨幅达到4.84%。

先看当天9月豆粕期货期权中的看涨期权行情，首先是价格都上涨了；其次，看涨期权各行权价对应的权利金上涨金额不一，但都没有超过期货合约自身上涨的168元；最后，虚值部分上涨金额最小，平值期权上涨金额中等，实值期权上涨幅度最大，但是若观察权利金变动幅度，则相反是从虚值到实值呈现递减性。

再看当天9月豆粕期货期权中的看跌期权行情，首先，看跌期权价格都下跌了；其次，各行权价对应的权利金下跌金额都没有超过期货合约上涨的168元；最后，虚值部分下跌最小，平值期权下跌中等，实值期权下跌金额最大，但若看下跌幅度则正好相反。

同理，如果标的物价格下跌，会导致看涨期权的价格下跌，看跌期权的价格上涨，说明当初买进看跌期权的交易者看对了。回看一下前面图9和图10，沪深300指数下跌后，无论是7月还是9月，看涨期权都下跌了，而看跌期权都上涨了。

- 行权价与期权价格的关系

标的物价格上涨将直接推动看涨期权上涨和看跌期权下跌，但是不同行权价对应的期权价格的上涨或下跌的幅度却是不一样的。还是看前面的图5，当9月豆粕期货上涨168元时，行权价3800和行权价3150的看涨期权分别上涨了23.5元和152.5元，差距不是一点点。行权价3800和行权价3150的看跌期权分别下跌了142.5元和13.5元，差距也不是一点点。

由此可见，行权价的高低对期权价格有着巨大影响。下面我们分析两者之间的基本关系。

先看图5中的看涨期权，行权价3150的期权价格为489.5元，内在价值=3639－3150=489元。随着行权价上升，内在价值逐次降低，期权价格也在逐级下降，行权价3650的看涨期权已是虚值，期权价格降至93.5元。

由此可得结论：看涨期权的价格与行权价成反比。

对看跌期权而言，行权价3150的期权价格为3元，由于当时标的物价格为3639元，明显这是一个虚值程度颇大的看跌期权，因此该期权价格只有3元。随着行权价上升，期权的虚值程度在减轻，期权价格也在逐级上升，行权价3650的看跌期权已经为实值期权了，价格也上升至104.5元。

由此可得结论：看跌期权的价格与行权价成正比。

看涨期权随着行权价上升而下降，看跌期权随着行权价上升而上升，这是一条基本规律，不容错乱！有人可能会问，错乱了又怎么样？告诉你，错乱意味着天上掉钱，可以无风险套利。

比如，行权价3600的看涨期权价格为114.5元，行权价3650的看涨期权价格为93.5元，这是合序的。假定行权价3650的看涨期权价格为119.5元，反而比行权价3600的期权价格114.5元还要高，那就是错乱失序了。

如果你看到这些价格都能立即成交的话，赶紧出手抢钱！买进3600的看涨期权，付出权利金114.5元，同时卖出行权价3650的看涨期权，收进权利金119.5元，权利金净收益5元。

成交之后，只要期权价格恢复合序状态，两边平仓即能获得套利收益。如果在日后两者一直处于失序状态，那就维持至到期日，到期时如果标的物价格在3600之下，两个期权都作废，赚到了5元的净权利金收益；如果标的物价格在3650之上，行权价3600的多头行权，得到一个买进价3600元的期货头寸，行权价 3650 的空头被行权，得到一个卖出价 3650 元的期货头寸，两者对冲后获利 50 元，再加上权利金上赚取的 5 元，总计获利 55 元；如果标的物价格在 3600 和 3650 之间，行权价 3650 的空头自然作废，行权价 3600 的多头行权，将得到一个买进价 3600 元的期货头寸。由于期货价格大于 3600 元，只要在最后交易日收盘前卖出一个价格期货合约以供对冲，两者之间的差价就是收益，总收益还得加上期初的 5 元净权利金收益。尽管上述推理过程中没有考虑交易成本，但毕竟这是占比很小的部分，不会影响可以进行无风险套利的基本结论。

现在可以明白期权价格很难失序的原委了吧。

当然，在观察和判断期权价格是否处于失序状态时，应该注意可能出现的“伪失序”现象，与前面提到过的“伪时间价值”一样，是因为某些期权缺乏流动性造成的假象。

4. 波动率大小的影响

“波动率”是期权交易中一个非常重要的概念，对初学者而言值得多花些时间认真琢磨一番。

期权中共有 4 个“波动率”，一是“历史波动率”，二为“预期波动率”，三乃“隐含波动率”，除此之外，还有一个衍生概念“波动率指数”。其中“预期波动率”经常被简略成“波动率”。下面，我们先对“历史波动率”和“波动率”进行介绍。

所谓“历史波动率（Historical Volatility，HV）”，就是对期权标的物以往的波动程度的度量。计算思路如下：首先，计算过往 N 天标的物价格变动的收益率，股票、期货行情中司空见惯的涨跌幅实际上就是以百分比计算的日收益率。但在计算波动率过程中用到的收益率通常都使用对数收益率，百分比收益率和对数收益率在短时间内差别并不大，但从长期时间看，对数收益率的统计性质比百分比收益率准确度更高。其次，计算 N 天对数收益率的样

本标准差 σ^*（不具备统计学基础的读者可以自行在百度中搜索其计算方法及其含义），σ^* 反映的是这些收益率偏离均值的平均程度。平均偏离度大，表明行情的波动程度大，平均偏离度小，表明行情的波动程度小。这个样本标准差就是以“日”为时间单位的历史波动率。最后，由于在期权交易中所涉及的波动率数据都是默认以年为单位，因此必须将上一步骤中的日波动率转换为年波动率。转换公式为：年波动率 = 日波动率 × $\sqrt{年交易日数}$。波动率通常都以百分比表示。

你想计算某一期权品种标的物的历史波动率为多少？不用算！期权行情表中天天都将已计算好的数据列出来了，一些交易所网站还会提供更详细的计算数据。比如，在郑州商品交易所网站首页右上角点击“期权网”然后进入“期权计算器”，即可得到图 12 展示的界面。此界面的下半部分为“期货历史价格波动率计算及绘图”。

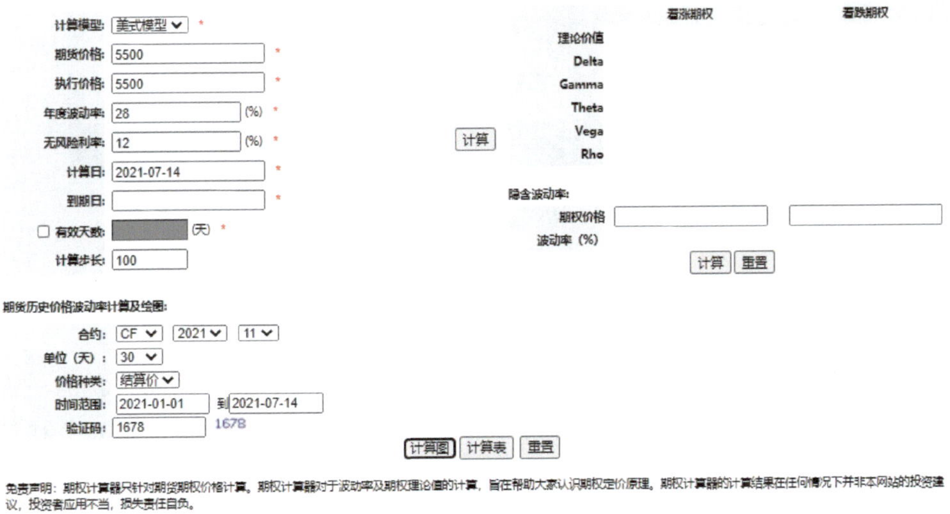

图 12　郑州商品交易所“期权计算器”

在应用时首先在前面的选项中输入所需计算内容，比如 CF（棉花）2021

年 11 月合约，下面的“单位”就是前面介绍计算思路中的“N”，选择 30 天即意味着每个计算点计算时使用前 30 天的日收益率数据。点击“计算图”，即出现所需绘制的历史波动率图，图 13 中除了显示 30 天数据点外还同时显示了 60 天数据点。

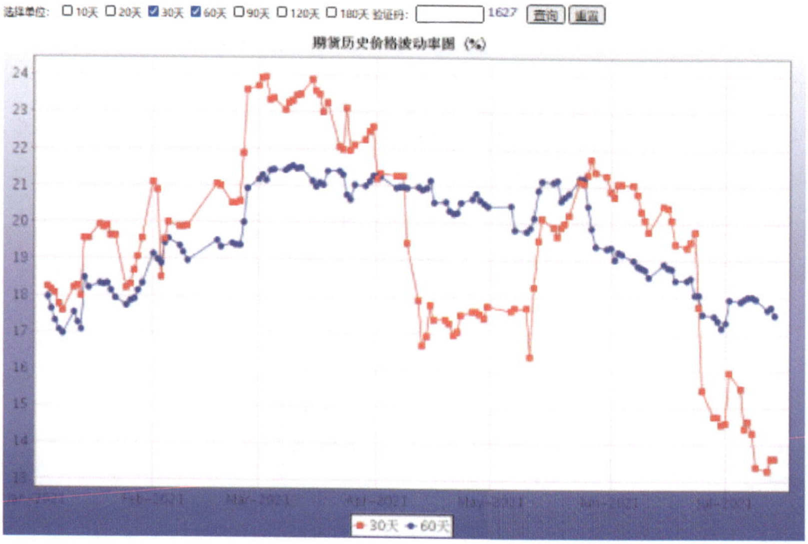

图 13　棉花 11 月期货合约 30 天和 60 天的“历史波动率”

数据显示，30 天的历史波动率当天为 13.62%，60 天的历史波动率当天为 17.52%。

关于历史波动率，有几点说明：一是确定 N 天为计算周期后，新的一天数据出来后会加入新数据同时剔除一个最早的老数据，犹如大家熟知的移动平均线，因此与移动平均线一样，历史波动率天天变化很正常。二是计算波动率的周期时间短则反应灵敏，时间长则反应迟钝，如图 13 中，30 天周期的历史波动率变动幅度明显大于 60 天的，这一特点实际上也与均线系统相同。三是有人可能会发现，为什么面对同一行情不同地方显示的历史波动率数据不一样，原因很简单，如果他们计算的周期不一样，计算结果自然不一样。四是历史波动率高低的判断是相对的，历史波动率数字越来越大，表明标的物波动程度越来越大，反之则表明波动程度在减小。与以往最高或最低的历史波动率比较可以明白目前的历史波动率处于何等地位。

保险公司在某个地区销售火灾险，在定价时，自然要参考一下该地区以往发生火灾率的高低，但会不会就完全按照以往的火灾发生率来确定未来的火灾率，不会，他们肯定会结合最新的情况对未来的火灾率进行调整与推断，这个推断而得的火灾率就是“预期火灾率”。如果预期火灾率较高，保险费自然应该定得高一些；如果较低，保险费可以低一些。

同样，期权的价格应该多高，买卖双方也会参考标的物的历史波动率并结合新情况对未来的波动率进行推断并做出预期。如果预期波动率（Expected Volatility）较高，期权价格就会高一些；预期波动率较低，期权价格就会低一些。如果要问（预期）波动率与历史波动率究竟有没有关系，那答案肯定是既有联系又有区别。因为任何预期都是在历史基础上展开的。比如，铁矿石期货在 2020 年年底之后大幅上升并且剧烈波动，历史波动率一度上升至 60% 之上。有人认为波动率还将上升，期权价格还可以高定价，但也有人认为物极必反，波动率将会适度回调，因此期权价格适当下调。孰是孰非，只有等后面的行情走出来才知道。

但不管怎么说，在波动率与期权价格的关系上大家的看法还是一致的，那就是：

无论看涨期权还是看跌期权，期权价格的大小与标的物的（预期）波动率高低成正比。

5. 搅动权局的“六君子”

前面的分析提到了 4 个与期权价格高低有关的影响因素，分别是：期权的剩余时间、标的物价格、行权价格和波动率，这 4 个因素个个都了不得，犹如四大天王一样主宰着期权价格。然而，期权价格影响因素中除了这四大天王之外，还有两个小角色。尽管这两个小角色的影响力不大，其中有一个在一些场合还不一定出现，还是得让他们亮一亮相的。两个小角色的其中一位叫“无风险利率”，另一位叫“红利率”。

- 无风险利率

任何交易都会付出成本，对金融市场的投资者而言，即使不考虑手续费，资金成本的发生也是实实在在的，而利息就是资金的成本。理论上可以将无风险利率看作期权交易的机会成本。

如果将买进看涨期权和直接买进标的物进行比较，可以发现前者只要先付定金（权利金），而后者需要马上付款。也就是说相对于买入现货来说，买进看涨期权具有节约资金降低资金成本的作用，利率越高意味着节约的资金成本越多，意味着对看涨期权买方越有利，因此，看涨期权的价格会随之增加。而买进看跌期权与直接卖出标的物相比，直接卖出标的物是已经收到货款了，而买进看跌期权必须在将来才能收款，后者少了一笔利息，利率越高少得越多，因此看跌期权的价格会随之减少。照此分析可以得到如下结论：利率变动与看涨期权成正比；与看跌期权成反比。

必须注意，在现代市场经济中，利率的变动幅度通常是很小的，再加上活跃期权的到期时间通常不会很长，因此利率变动对期权价值变动的影响力非常小。还要注意，上述比较是将期权与现货比较的结果，对于期货期权而言，标的物为期货合约，占用的资金（保证金）只是现货资金的一个零头，即使依样画葫芦式的比较，其效果也将大打折扣。

总之，在实际交易中，对利率变动的影响几乎可以忽视，把它当作一个吹毛求疵的小东西就可以了。

- 红利率

股票期权和股指期权的标的物是股票或股票指数，与其他资产相比，股市的股息分红环节是独有的。发放红利之后股票会做相应的除息计算，股票价格自然下滑，股票指数也受其影响下滑。股票持有者得到红利，并不吃亏。

但买入股票看涨期权或股指看涨期权是约定今后某一时间按约定价格买入股票或股指，分红后约定价格没变，当然吃亏了。显然，红利率越高，对股票看涨期权或股指看涨期权越不利。而对股票看跌期权或股指看跌期权而言，股票分红后股价或股指降低了，但约定的卖出价不变，当然是有利的。由此不难得出如下结论：

看涨期权的价格与预期红利率的高低成反向变动，看跌期权的价值与预期红利率的大小成正向变动。

当然，这一结论或这一影响因素仅限于股票与股指类期权，对其他期权品种而言，这一影响因素是不存在的。还有一点要说明的是，国内证券交易所目前推出的股票期权并非个股期权，而是 ETF 期权，在 ETF 的分红除权日，交易所会对行权价进行相应的调整，这意味着所谓的红利率影响因素已经被排除掉了。

- “六君子”全家福

前面，我们让影响期权价格的“六君子”都依次出台亮了亮相，并且介绍了每一位“君子”的武艺特色，现在通过表 9 给他们来一张全家福，方便各位以后对照查询。

表 9　　影响权价的“六君子”

影响因素	看涨期权	看跌期权
标的物 S	+	−
行权价格 X	−	+
剩余期限 T − t	−	−
波动率 σ	+	+
无风险利率 r	+	−
红利率 q	−	+

注：“+”表示若该因素上升，则期权价格将上升，该因素下降，期权价格将下降，两者具有正比关系。“−”表示若该因素上升，则期权价格将下降，该因素下降，期权价格将上升，两者具有反比关系。

看了这张全家福，有人欣赏之余还是提出了问题：那不过是把“六位君子”的单人照放在一起而已，并非真正的全家福合照。还说：每一位“君子”的品行和能耐我现在都知道了，但我想知道，如果他们几位同时出现，大闹一场后期权的价格将会怎样？比如，标的物价格上升了，剩余期限减少了，同时波动率下降了，再加上……期权价格将会如何？是上涨还是下跌？

好厉害的问题！还好，一位金融学专业的大学生接嘴说道：你的要求在50年前的确还是无解的，但从1973年开始，各种各样的期权定价（模型）公式一个个出现，现在你只要知道如何运用这些定价（模型）公式，就可得到一个八九不离十的参考结果。听了这个回答，大家的胃口都被吊起，都想知道这“期权定价（模型）公式”究竟是怎么回事。

6. 横空出世的期权定价公式

20世纪60年代，美国的一批学者对期权定价模型产生了浓厚地兴趣，在开始的几年中，尽管成果不断，但还是碰到不少难以逾越的障碍。

20世纪60年代末，费希尔·布莱克（Fischer Black）在哈佛大学数学系取得博士学位后，进入波士顿的一家管理咨询公司工作，并在那儿认识了MIT斯隆管理学院的年轻教师迈伦·斯科尔斯（Myron Scholes）。之后，两人开始合作研究股票期权的定价问题，并找到了建立股票期权定价模型的关键突破点，即构造一个由标的股票和无风险债券的适当组合，该组合的损益特征与期权到期日的损益特征相同。根据无套利原则，构造该组合的成本应当等于期权当前的价值。

根据上述基本思路，布莱克与斯科尔斯得到了描述期权价格变化的随机偏微分方程，即所谓的B－S方程。但在求解方程时遇到了困难。幸好布莱克发现这一微分方程从形式上看与物理学中描述热传导过程的微分方程完全相同，而后者的解已经由物理学家得到。布莱克与斯科尔斯在经过一定的运算后，最终得出了股票期权定价模型的解析解，这就是 Black – Scholes 模型（简称 B – S 模型）。

1973 年，两人共同署名的论文《期权与公司债务的定价》正式发表。

在此之前，著名经济学家萨缪尔森（Samuelson）的研究生罗伯特·默顿（Robert Merton）也一直在对期权定价理论进行研究。他几乎在与布莱克与斯科尔斯同一时间，也得到了期权定价模型及其他一些重要的成果。从 1973 年后，默顿和布莱克以及斯科尔斯继续合作，在专业经济学杂志上发表了不少论文，将 Black – Scholes 模型扩展到许多衍生金融品上。默顿还把 Black – Scholes 模型推广到了股票价格变化可能存在跳跃点的场合，并得出了包含标的股票连续支付红利情况的期权定价模型，即 Merton 模型。包含股票红利因素的期权定价模型通常也被称为 B – S – M 模型。

1979 年，科克斯（Cox）、罗斯（Ross）和卢宾斯坦（Rubinstein）的论文《期权定价：一种简化方法》提出了二项式模型（Binomial Model），该模型建立了期权定价数值法的基础，解决了美式期权定价的问题。

默顿、斯科尔斯等人的理论开创了一个新的领域，从 1988 年起，这个新的领域被命名为“金融工程”。这是 20 世纪经济科学中最大的一个进展。

1997 年，诺奖评委会将当年的诺贝尔经济学奖授予默顿和斯科尔斯（当时布莱克已逝世，诺贝尔奖只颁给在世的科学家），以表彰他们在期权定价理论上做出的贡献。

对这些模型或公式的推导介绍，本书都省略了，一方面是因为其中用到大量高等数学知识，没受过专业训练的看三年也看不懂；另一方面是因为对实际运用而言，看不懂或不看都不会产生什么实质影响。

期权定价公式出现的时代，恰好又是计算机蓬勃发展的时代。在计算机的助推下，各种期权定价（模型）公式迅速被转换成可以在计算机上运用的“期权计算器”。有了“期权计算器”，本来是好难好复杂的公式计算迅即变成一台“傻瓜机”。你只要知道需要填入的参数代表什么含义并且知道应该填在哪个框内就可以了，然后回车就能得到那个高大上的结果。

期权计算器啥样？回看前面的图 12 的上面部分，就是郑州商品交易所提供的期权计算器。再看大连商品交易所，在交易所网站首页右上角点击“期权网”，进入之后可以在下面“培训教育”中看到“期权工具”栏，点击进入后可见 4 个栏目，其中第三个为“期权价格及波动率计算器”（见图 14）。

图 14　大连商品交易所的期权计算器

7. 期权计算器的运用

以图 14 为例解读期权计算器运用。

- 计算器输入部分

第一个可选框内容为“标的”，现在选的是豆粕；

第二个可选框内容为合约“月份”，现在选的是 2021 年 9 月；

第三个框为“标的价格”，不用选，因为前两个内容选定后，该期货合约的价格自动显现；

第四个框为“执行价格”，即行权价格，你可以输入一个对应的行权价，目前输入的行权价为 3600 元；

第五个框为“定价模型”，有三种计算模型可选，分别为“美式 BAW”“美式二叉树”和“欧式 BS”，由于豆粕期货期权为美式，故应该在前两项中选。美式 BAW 模型是 Barone – Adesi 和 Whaley 提出的，二叉树模型是 Cox、Ross 和 Rubinstein 提出的，简称 CRR 模型。目前选定的是“美式 BAW”；

第六个框为“步长”，这是选择“美式二叉树”时的配套选项，目前因为选择的是“美式 BAW”，因此可以跳过；

第七、八、九框分别为“交易日期”“到期日”及“有效天数”，这三个框的内容都会自动显现；

第十框为“利率”，即前面提到的无风险利率，可以自选输入，现在选填的是 2%；

最后一框为“波动率”，需要交易者按照自己的预期选择一个数字填入。由于交易者对波动率的预期通常需要参考历史波动率，此框的右边即为“历史波动率”计算器。目前，在历史波动率的有效天数中选取参数为 60 时计算所得的历史波动率为 22.86%，目前暂以 22% 作为预期波动率输入。

作为商品期货期权的定价模型，实际计算需要 5 个参数，分别为“标的物价格”（第三框）、“行权价格”（第四框）、“到期天数”（第九框）、“利率”（第十框）和“波动率”（第十一框）。

- 计算器输出结果

所需参数输入之后，点击“价格计算”（“波动率”右边），便可得到

“试算结果”表（图 14 的左下方）。

计算结果表分两列，一列为“call”，即看涨期权，另一列为“put”，即看跌期权。计算结果有“理论价”和后面五项用希腊字母表示的期权风险指标。理论价的含义为：在给定的计算参数下该模型计算出来的期权价格，现在看涨期权理论价为 109.2175 元，看跌期权的理论价为 53.2915 元。考虑最小跳动点则分别为 109 元和 53 元。

不妨做一个小实验，如果在期权计算器中将“定价模型”选为“欧式 BS”，其余参数都不变，计算结果的变化有多大？计算结果为看涨期权理论价 109.2028 元，看跌期权理论价为 53.2703 元。可以看到，美式期权的价格比欧式高一些，但高出幅度有限。看涨期权高出 0.0143 元，看跌期权高出 0.0213 元，与最小跳动点 0.5 元比较几乎可以忽略不计。因此从价格比较角度看，完全可以不计较欧式期权与美式期权的差别。

- 定价模型的意义

前面曾以“六君子”比喻 6 个影响期权价格的因素。在定价模型出现之前，人们在期权的实际交易中早就知道这些因素，但当时的所谓分析仅限于单因素分析，一旦几位君子联合搅局就束手无策了。定价模型的出现，一举突破了以往的瓶颈，即使多个因素同时变动也能迅速地评估期权价格。这是一项非常了不起的历史创举，为实务界提供了重要的期权估值参照系。比如，对前面豆粕期货期权的例子，你想知道如果到期时间只剩 15 天，波动率上升至 25%，同时豆粕 9 月期货价格上升至 3680 元，这时候期权价格将会怎么变化。只要将这些输入参数修改一下，便可得到计算结果，看涨期权的理论价从原来的 109 元变为 120 元，而看跌期权的理论价从原来的 53 元变为 40 元。

8. 期权定价模型靠谱吗？

在感受到期权计算器的神奇后，大家自然会对模型计算出来的理论价靠不靠谱产生想法。事实上，自定价模型诞生后，金融理论界就对这个问题开展验证式研究了。验证式研究表明：模型对平值期权的估价令人满意，剩余有效期限超过两个月的更佳；深度实值或深度虚值的估价有较大偏差；临近到期日的估价存在较大误差。总体而言，模型仍是相当准确的，是具有较强实用价值的定价模型。

作为一个高度抽象化的定价模型，必须在一系列的假设条件下展开，但这些假设条件与实际情况未必相符。

比如，定价模型假设无交易成本且交易者可以不受限制的随时按无风险利率水平进行资金借贷。但实际上，交易是要手续费的，面对价格极低、手续费占比非常大的深度虚值期权，交易者的交易动机和逻辑毫无疑问都发生了变化。同样，面对深度实值期权时，巨大的实值部分也会给买卖双方带来资金成本上的压力。事实上，在期权交易中，深度实值和深度虚值期权的交易量都不大，流动性的缺乏也容易引发实际交易价格偏离理论价格现象。

又如，模型假定波动率是常数，但实际上波动率是变化的。从前面对历史波动率的介绍中可知，历史波动率与移动平均线类似，周期时间短的历史波动率反应灵敏，时间长的反应迟钝。这一特性也决定了在预测上，预测长周期的波动率相对难度较低，而预测短周期的波动率难度很大，有可能前面10天波动率只有20%，10天后高达35%。这也是剩余期限较短的期权价格容易偏离理论价的一个原因。

最后，假定标的物的对数收益率服从正态分布，假定标的物价格按照布朗运动方式连续变化，也未必符合实际情况。

在当时的讨论中，大家都认识到期权定价模型中存在一些问题，但从实证结果看，期权定价模型的有效性还是得到了普遍认同，因此可以得出结论：尽管定价模型存在一些瑕疵，但还是掩盖不住其内在的神奇光辉，用成语来说就是瑕不掩瑜。另外还需看到，定价模型诞生至今，几十年过去了，在此期间期权定价模型越来越普及，当众多交易者都在按这些模型进行计算并出价时，一定程度上也会起到自我实现作用。比如，做市商在一些冷门合约上提供双边报价，报价的依据也是来自这些定价模型，一旦成交，成交价比较接近理论价格很正常。总之，在期权定价模型已经如此深入人心的背景下，定价模型的可靠性比当初刚诞生时要好得多。

期权理论价基本靠谱，是不是意味着当期权价格与理论价格出现差距就是交易机会呢？如果你这样认为那就是太简单了。千万不要被“理论”两字所迷惑，以为理论就是科学，理论就是真理。即使你很信任定价模型，那也应该知道，定价模型的计算结果与输入的参数有关。应该明白，输入的参数中只要有一个是预测性质的，导致的结果势必也是预测性质的。由于定价模型中输入的波动率就是预测波动率，因此，理论价实际就是预测价！

比如，以25%作为预期波动率输入定价模型后，得到看涨期权理论价等于125元，而实际期权价格只有122元，是不是按122元的价格买进就占便宜了？建议你将输入的波动率改为22%试试，你可能发现理论价变成118元了，若按122元买进就亏了。预期波动率25%和22%哪个更合理？谁有把握出来断说。

更需明白的是，波动率并非决定期权价格走向的重要因素，实际上，标的物价格的涨跌对期权价格影响远大于波动率。比如，当你坚信25%的预期波动率是正确的，按122元价格买进看涨期权是占到便宜了，但接下来两个交易日由于标的物价格下跌，看涨期权价格也下跌至80元，导致42元的亏损额。

9. 隐含波动率

我们知道，在期权计算器中，只要输入5个参数就可得到相应的理论价格。输入的5个参数中，标的物价格、行权价和剩余期限实际上都是客观数据，面对所有的交易者都是一样的。另外两个是无风险利率和波动率。尽管在不同的交易者眼中，无风险利率的大小不一定相等，但一则差距不会太大，二则即使有点差距对期权价格的影响也很小，因此完全可以将无风险利率看作一个客观数据。如此一来，5 个参数中只剩下波动率这个参数了。由于需要输入的波动率是预期波动率，带有极强的个人主观性，因此不可能是客观参数，比如甲认为取值 22% 比较合理，但乙认为应该选 20%，其他人又有不同的看法。

不难想到，当期权计算器中需要输入的 5 个参数中 4 个为客观参数，只有一个是可以主观选择时，主观选择的参数与输出的理论价之间就会具有一一对应关系。比如，在前面的图 14 中，输入的波动率为 22%，得到看涨期权理论价为 109 元，看跌期权的理论价为 53 元；如果输入的波动率为 20%，得到看涨期权理论价为 102 元，看跌期权的理论价为 46 元；如果输入的波动率为 18%，得到看涨期权理论价为 95.5 元，看跌期权的理论价为 39.5 元。

不难想到，如果倒过来，将实际市场价格代替理论价格，也会有一个相应的波动率与之对应，而这个与实际市场价对应的波动率就是隐含波动率（Implied Volatility）。

隐含波动率怎么求？原始的办法是通过期权计算器进行试错法求解，比如，图 14 对应的看涨期权，当天收盘价为 97 元。已知波动率为 20% 时看涨期权理论价为 102 元，波动率为 18% 时看涨期权理论价为 95.5 元，可以推出隐含波动率肯定在 18% 和 20% 间。再以 19% 的波动率输入期权计算器，得到看涨期权的理论价为 99 元，由此可进一步推断隐含波动率肯定在 18% 和 19% 间。如此反复进行下去，一定可以得到一个两位数百分比的隐含波动率。

用试错法求解固然可行，但非常繁复，现成的方法是直接使用隐含波动率计算器，图 14 中的右下方就是隐含波动率计算器。计算器中有两个框，第一个为"期权价格"，第二个为"期权类型"，当你在第一框中填入 95.5 元，第二框选择"Call"并点击"隐含波动率计算"后，下面便显示出计算结果"18.38%"。同样，当天的看跌期权收盘价为 37 元，当你在第一框中填入 37 元，第二框选择"Put"并点击"隐含波动率计算"后，下面便显示出计算结果"17.16%"。

前面的图 12 为郑州商品交易所的“期权计算器”，在其右侧的计算结果下面也有一个“隐含波动率”计算器。

隐含波动率是期权中非常重要的概念，它具有如下两个重要意义。

其一，预期波动率是主观的，而隐含波动率是客观的，它代表了市场对未来波动率的看法，代表了市场对未来波动率的预期，尽管不能说市场预期就一定是正确的，隐含波动率也在时高时低的变动中，但毕竟与交易者自己的胡乱揣度不一样。

其二，隐含波动率提供了一个通用标准。我们知道，期权有看涨看跌之分，除此之外，还有不同的行权价、不同的到期时间，如果对这些不同的期权合约价格进行比较，势必无从着手。比如，一个看涨期权合约的剩余期限为 1 个月，其行权价为 3600 元，另一个看跌期权合约的剩余期限还有 3 个月，其行权价为 3500 元，单看两个期权合约的价格根本无法比较孰高孰低。但如果看这两个期权的隐含波动率，立马就可做出判断了。在隐含波动率这个共同标准之下，无论什么样的期权都可以进行统一比较，其作用类似于股市中的市盈率和市净率指标。比如，上述两个期权的隐含波动率分别为 28% 和 24%，看涨期权的隐含波动率高于看跌期权的隐含波动率，表明市场对看涨期权的估价高于看跌期权。

现在，我们可以回过头去解决前面“豆粕期货期权合约解读”中留下的一个欠账了。当时我们指出：期权价格的“涨跌”和“幅度”都是基于昨日结算价计算的，结算价怎么产生？多家交易所都规定：除最后交易日外，交易所根据隐含波动率确定各期权合约的理论价，作为当日结算价。

期权行情的一个特点是由于合约实在太多，难免有一些合约的流动性较差，以致期权的所谓最新价明显不合理，有些合约甚至接连几天成交量为零，根本不存在当天的最新价。在这种情况下，交易所就得考虑如何制定一个相对合理的结算价。通行的办法就是以流动性良好的期权合约的隐含波动率作为基准，以此基准作为那些价格明显失真的期权合约的波动率，然后按照定价模型分别计算它们的理论价值，并将这些理论价值作为结算价。

10. 期权风险指标之 Delta

在图 14 的期权计算器中，我们看到计算输出结果中除了“理论价”外，还有五项用希腊字母表示的数字，这些希腊字母的含义是什么？这些希腊字母就是分析期权风险的指标。

图中第一项风险指标为“DELTA”。

我们已经知道：标的物价格变动，看涨期权价格会发生同向变动，看跌期权会发生反向变动。若进一步追问，同向变动会变动多少？反向变动会变动多少？这就是定量分析的要求了，而 Delta 指标就是负责解决该问题的指标。

在图 14 中，看涨期权的 Delta = 0.6221，看跌期权的 Delta = －0.3769，什么意思？

简单回答就是：如果标的物价格变动 1 元，看涨期权理论价大约将变动 0.6221 元，看跌期权理论价大约将变动 －0.3769 元。如果标的物价格变动 10 元，看涨期权理论价大约将变动 6.221 元，看跌期权理论价大约将变动 －3.769 元。可以用如下的公式表示：

期权理论价变动幅度≈Delta×标的物价格单位变动幅度

标的物价格单位变动幅度为 1 元，上式即为：

新的期权理论价－老的期权理论价≈Delta，也即：

新的期权理论价≈老的期权理论价＋Delta

不妨用数据验证一下，当图 14 中的标的物价格上涨 10 元至 3666 元时（其他参数不变），计算得到看涨期权理论价为 115.5344 元，看跌期权理论价为 49.618 元（见表 10）。看涨期权理论价变动值 = 115.5344 － 109.2175 = 6.3169，平摊到每元的变动为 0.63169 元，与 0.6221 元的 Delta 值相差不大；同样，计算得到看跌期权理论价为 53.2915 元，看跌期权理论价变动值 = 49.618 － 53.2915 = －3.6735，平摊到每元的变动为 －0.36735 元，与

-0.3769 元 Delta 值也相差不大。

然而，这种相差不大是有条件的，那就是标的物价格变动幅度不能太大。变动幅度大了，误差将会急剧放大。产生误差的根本原因是 Delta 值自身是随着标的物价格的变动而变化的。比如，从表 10 中可见，当标的物价格为 3666 元时，看涨期权的 Delta 值从原来的 0.6221 变为 0.6412，意味着在 3666 元价格基础上测度，变动 1 元将引起看涨期权价格变动 0.6412 元。快速浏览一下 Delta 值的变化，可以发现高低相差还是很大的，高的超过 0.9，低的连 0.1 都不到。

表 10　标的物价格变动导致的变化

标的物价格（元）	看涨期权理论价（元）	看涨 Delta	看跌期权理论价（元）	看跌 Delta	GAMMA
3300	4.2109	0.0565	304.1441	-0.9446	0.0007
3350	7.9551	0.0958	257.8534	-0.9046	0.001
3400	14.0548	0.1511	213.949	-0.8488	0.0013
3450	23.3402	0.2231	173.2507	-0.7764	0.0016
3500	36.6153	0.3101	136.5555	-0.6892	0.0019
3550	54.5313	0.4048	104.5096	-0.5913	0.002
3600	77.4783	0.5102	77.5002	-0.4889	0.002
3650	105.5193	0.6105	55.5877	-0.3885	0.0019
3656	109.2175	0.6221	53.2915	-0.3769	0.0019
3666	115.5344	0.6412	49.618	-0.3579	0.0019
3700	138.3957	0.7027	38.5117	-0.2963	0.0017
3750	175.582	0.7824	25.745	-0.2167	0.0014
3800	216.3875	0.8473	18.5953	-0.1519	0.0011
3850	260.0624	0.8973	10.3111	-0.102	0.0009
3900	305.8911	0.9338	6.1745	-0.0656	0.0006
3950	353.2545	0.9591	3.5638	-0.0405	0.0004
4000	401.6605	0.9759	1.9832	-0.024	0.0003

图 15 是按表 10 中的数据制作的 Delta 值和标的物价格关系图。上面一条为看涨期权的 Delta 值曲线，下面一条是看跌期权的 Delta 值曲线。

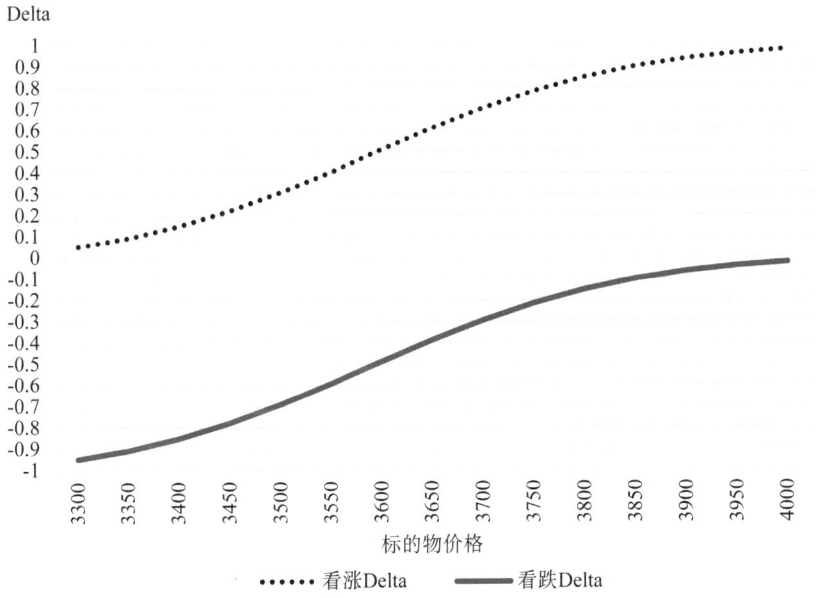

图 15　Delta 值与标的物价格关系图

结合图表，可以看到 Delta 值有如下特点。

看涨期权的价格与标的物价格为同向关系，即伴随着标的物价格上涨（下跌）而上涨（下跌），但两者并非线性关系。

在虚值期权时（意味着标的物价格较小），看涨期权跟随标的物价格上涨（下跌）的幅度比较小，反映在 Delta 上，就是数值较小，当看涨期权处在较深的虚值期权时，Delta 很小，几乎接近于 0。比如，标的物价格为 3300 元时，看涨期权理论价值只有 4.2109 元，Delta = 0.0565，这意味着标的物价格涨跌 1 元，给看涨期权带来的涨跌变化只有 0.0565 元。

随着标的物价格的增大，看涨期权跟随标的物上涨（下跌）的幅度也在加大，即 Delta 值在增大，在接近行权价 3600 元的地方，Delta 值达到 0.5；当标的物价格继续增大时，看涨期权跟随上涨（下跌）的幅度更大，Delta 值超过 0.5，且逐渐向数值 1 逼近，换言之，当看涨期权处于较深的实值期权时，其相应的 Delta 将接近于 1。比如，标的物价格为 4000 元时，看涨期权理论价值为 401.6605 元，Delta = 0.9757，这意味着标的物价格涨跌 1 元，给看涨期权带来的涨跌变化大致为 0.9712 元。

看涨期权的 Delta 取值范围在 0 和 1 之间，即 0 ≤ Delta ≤ 1。在极度虚值期权时 Delta = 0；在平值期权附近 Delta = 0.5；在极度实值期权时 Delta = 1。

看跌期权的价格与标的物价格为反向关系，即伴随着标的物价格上涨（下跌）而下跌（上涨），但两者并非线性关系。同样的推理之后我们得到：

看跌期权的 Delta 取值范围在 -1 和 0 之间，即 -1 ≤ Delta ≤ 0。在极度实值期权时 Delta = -1；在平值期权附近 Delta = -0.5；在极度虚值期权时 Delta = 0。

不知你发现没有：表 10 的任一同行中，看涨期权的 Delta 值与看跌期权的 Delta 的绝对值之和总是等于 1。不妨自己思考一下这意味着什么？

11. Delta 有什么用？

Delta 的重要作用是从动态角度对期权的短期风险进行了度量。

如果你买卖的是标的物自身，那么标的物涨跌带来的风险多大是一目了然的。比如，以 3656 元的价格买进 9 月豆粕期货合约，如果下跌 20 元则损失 20 元（1 张合约损失 200 元），上涨 20 元就是获利 20 元，如果套用 Delta 这个术语，则 Delta = 1；如果卖出 9 月豆粕期货合约，则下跌 20 元则获利 20 元，上涨 20 元就是亏损 20 元，如果套用 Delta 这个术语，则 Delta = -1。

对期权交易而言，短期内最大的影响因素就是标的物价格的涨跌，因为其他四个因素都是固定的，不会有变动或者变动影响可以忽略。而标的物价格对期权价格的影响又是非线性的，不是那么一目了然，正是在这种有点尴尬的境地下，Delta 发挥了巨大的实用性作用，交易者借助于 Delta，可以迅速了解自己持有的期权头寸面临多大的风险。

比如，9 月豆粕期货合约价格为 3656 元时，看跌期权理论价值为 53.2915 元。假定交易者以此价格买进了 10 张看跌期权合约，他需要了解短期内他面临多大的风险。由于 Delta = −0.3769 为负值，说明期货合约价格上涨就会遭受损失。Delta 的绝对值为 0.3769，表明其遭受的损失将大致是期货合约上涨幅度的 37.69%。比如，期货合约价格上涨 20 元，10 张看跌期权合约的大致损益就是 $20 \times (-0.3769) \times 10 \times 10 = -753.98$ 元。如果期货合约价格下跌 20 元，10 张看跌期权合约的大致损益就是 $-20 \times (-0.3769) \times 10 \times 10 = 753.98$ 元。

- Delta 的套期比率作用

从 Delta 值的含义中可以引申出“套期比率”的概念。所谓“套期比率”是指利用期权与标的物进行对冲时，两者之间的头寸数应该如何匹配才能实现最佳对冲效果。

由于 Delta 值的基本含义是“当前标的物变动一个单位时，期权价格的变动值”。如果要实现两者之间在变动价值上的匹配，意味着与一张期权合约对冲的标的物头寸应该是 Delta 张。

例如，持有 1 张看跌期权合约的多头头寸，Delta = −0.3769，意味着交易者若买进 0.3769 张期货合约就可以实现对冲目的。如果持有 100 张看跌期权合约的多头头寸，则 $\text{Delta} = 100 \times (-0.3769) = -37.69$，意味着交易者若买进 37.69 张期货合约就可以实现对冲目的。对此，不妨验算如下：期货合约上涨 10 元，100 张看跌期权合约的损失为 3769 元，但买进 37.69 张期货合约可以获利 $37.69 \times 10 \times 10 = 3769$ 元，两者恰好相等。注意，实际交易中买卖期货合约的最小单位为 1 张。

当然，也可以反过来计算，即假定已经持有期货合约，用期货期权来对冲。比如，持有 5 张期货空头，担心价格上涨导致损失，决定用期货期权对冲。5 张期货合约空头的 Delta 值 = −5，只要选择一组期权，使得总 Delta 值

=5，就可以达到目的。比如，看涨期权的 Delta 值 = 0.6221，5/0.6221 = 8.04，买进 8 张看涨期权的 Delta 值 = 0.6221 × 8 ≈ 5。大家可以看看“买进 5 张看涨期权合约加上卖出 5 张看跌期权合约”这个方案怎么样？

- 做多 Delta 和做空 Delta

Delta 指标有个好处，就是不同的期权（只要标的物相同）的 Delta 可以合并计算而意义不变。交易者在交易期权时，很多情况不是持有一个期权合约，而是各种头寸的组合。比如，某交易者在 2021 年 7 月 22 日持有一大堆头寸的组合，组合情况见表 11。

表 11　某交易者的持仓头寸及 Delta 值

头寸持仓	数量	合约 Delta 值	合计 Delta 值
9 月期货多头	5 张	1	5
行权价 3600 看涨多头	20 张	0.6645	13.29
行权价 3700 看涨空头	60 张	-0.4311	-25.866
行权价 3800 看跌多头	30 张	-0.7746	-23.238
行权价 3650 看跌空头	40 张	0.4502	18.008
总计			-12.806

该交易者持有的组合除了包含 4 种期权外，还有 5 张 9 月期货合约标的物多头，各种期权头寸的行权价及数量都不一样。如此繁复的头寸组合，其总体风险如何，可以通过组合头寸的 Delta 值来判断。

头寸组合的 Delta 值计算过程为：将每个合约的 Delta 值乘以数量，得到该合约的合计 Delta 值，然后将其加总，即可得到组合的 Delta 值。

注意：期货与期权都有买进卖出之分，卖出或持仓空头前面应该添加负号，比如，买进看涨期权（多头）的 Delta 值为正，则卖出看涨期权（空头）的 Delta 值为负。买进看跌期权（多头）的 Delta 值为负，则卖出看跌期权（空头）的 Delta 值反而为正（负负得正）。

从表 11 可见，组合的 Delta 总值为 -12.806，意味着 9 月期货合约上涨

1元，组合头寸的总盈亏达到 10×（-12.806）= -128.06 元，即损失 128.06 元；反之，若9月期货合约下跌1元，将会获利 128.06 元。

针对 Delta 值，也可以引进“多”“空”这个术语，如果 Delta 为正，则称为“做多 Delta”或“Delta 多头”，如果 Delta 为负，则称为“做空 Delta”或“Delta 空头”。

在度量一篮子各种复杂头寸组合时，如果用 Delta“多”“空”描述有一个好处，那就是无论组合的头寸怎么复杂，只要知道组合的 Delta 值，就可以知道组合与标的物方向之间的关系。“做多 Delta”相当于做多标的物，且 Delta 值直接显示标的物上涨（下跌）引发组合价值获利（亏损）的大致金额。“做空 Delta”相当于做空标的物，同样，Delta 值直接显示标的物上涨（下跌）引发组合价值亏损（获利）的大致金额。

12. 还有四个风险指标

- 风险指标 Gamma

图 14 中第二个希腊字母为 Gamma，看涨和看跌的 Gamma 值都是 0.0019，这是什么意思呢？

简单回答就是：如果标的物价格变动1元，Delta 值将变动 0.0019 元。可以用如下的公式表示：

Delta 变动幅度≈Gamma×标的物价格单位变动幅度

标的物价格单位变动幅度为1元，上式即为：

新的 Delta - 老的 Delta≈Gamma

新的 Delta≈老的 Delta + Gamma

不妨用数据验证一下，表 10 中的标的物价格为 3656 元时，看涨期权的 Delta 值 =0.6221，当标的物价格上涨 10 元至 3666 元时，Delta 值 =0.6412，两者相差 0.6412 - 0.6221 =0.0191，平均分摊到每元的价格变动就是 0.00191 元。

看涨期权和看跌期权的 Gamma 值相等，正负号也相同。

浏览一下表 10 的 Gamma 数据，不难发现，Gamma 先升后降，接近平值期权时 Gamma 相对较大，说明平值期权的 Delta 对标的物价格的变化比较敏感。当期权处于较深的实值期权或较深的虚值期权时，Gamma 值接近于 0，表明此时 Delta 对标的物价格的变动不敏感。

与 Delta 值一样，也可以引进做多 Gamma 和做空 Gamma 的概念，当 Gamma 为正时称为做多 Gamma，当 Gamma 为负时称为做空 Gamma。有人可能会问，看涨期权和看跌期权的 Gamma 不都是正的吗，何来负值？记住，买进期权的 Gamma 的确是正的，但卖出期权的 Gamma 是负的。

从关系式“新的 Delta≈老的 Delta + Gamma”中可以看出，Gamma 越大，新的 Delta 值变化越大，意味着前面介绍的“用 Delta 进行对冲”所造成的误差越大，因为在对冲时你是按照老的 Delta 值计算对冲比例的。

做空 Gamma 的风险高于做多 Gamma。其原因是做多 Gamma 在用 Delta 估计时容易犯“有利时低估，不利时高估”的错误，这对风控未尝不是好事。而做空 Gamma 则相反，“有利时高估，不利时低估”，这样更不利于风险控制。因此，投资者应该对负值 Gamma 的风险加以警惕，对平值期权或附近绝对值较大的负值 Gamma 风险应该更加警惕。

- 风险指标 Theta

图 12 中第三个希腊字母为“Theta”，看涨期权的 Theta = -1.6979，看跌期权的 Theta = -1.701，这是什么意思呢？

简单回答就是：如果期权到期时间减少 1 天，看涨期权的理论价减少 1.6979 元，看跌期权的理论价减少 1.701 元。

时间是影响期权价值的关键因素之一。期权合约离到期日越近，期权的时间价值将不断减少，被称为“时间衰减”。因时减值是期权的基本规律。

注意，这里的“天”指的是自然日，如果遇到休息日时，下一交易日实际不是相隔一天而是相隔数天。比如，在周五交易时期权的剩余时间还有 40 天，收盘后，应该考虑减少 3 天，即剩余时间还有 37 天。

比较可以发现，平值期权的绝对值最大，表明平值期权价值对时间的变化更敏感，其背后的实质含义就是前面曾经得到过的结论“平值期权的时间价值最大”。

另一个基本规律是平值及近平值期权合约随着到期日临近，Theta 值的绝对值会越来越大，意味着时间价值衰减速度越来越快，但这一点对深度实值和深度虚值期权却不适用。

Theta 的负值是对期权买方而言的。对期权卖方来说，其 Theta 值恰好为正值。

- 风险指标 Vega

图 14 中第四个字母为“VEGA”，看涨期权的 Vega = 3.4061，看跌期权的 Vega = 3.407，这是什么意思呢？

简单回答就是：如果输入期权计算器中的波动率变动 1%，看涨期权的价格将同方向变动 3.4061 元，看跌期权的价格将同方向变动 3.407 元。

标的物价格的波动率 σ 是影响期权的重要因素，在期权敏感度分析中，通常用 Vega 代表期权价值对波动率的敏感度。注意，Vega 并非希腊字母，但因为它有一个代表波动率（Volatility）的“V”字母，听起来又像希腊语，最终被行业普遍接受成为专用名称。

Vega 值大，说明波动率很小的变化会导致期权价值较大的变化，意味着期权价格对波动率比较敏感；反之，Vega 值小，则说明波动率变化给期权价值带来的变化不大，相对不敏感。

平值期权的 Vega 最大；实值期权和虚值期权次之；深实值或深虚值期权的 Vega 较小。

Vega 值的大小与期权剩余时间长短也有关系，随着到期日临近，Vega 值会越来越小。

主观选择输入的波动率为预期波动率，从客观角度考虑，在应用 Vega 时使用隐含波动率比较合适。

Vega 值为正是从期权买方的角度出发的，对于期权卖方来说，其结论正好相反。对期权卖方来说，Vega 值应该是负的，这意味着波动率增加将导致损失，反之，波动率降低会增加收益。

- 风险指标 Rho

图 14 中第五个希腊字母为“Rho”，看涨期权的 Rho = -0.0564①，看跌期权的 Rho = -0.0279，这是什么意思呢？

简单回答就是：如果在期权计算器中输入的无风险利率增加 1%，即从原先的 2% 变为 3%，则看跌期权理论价将减少 0.0279 元。反之，如果无风险利率减少 1%，即从原先的 2% 变为 1%，看跌期权理论价将增加 0.0279 元。

Rho 的大小与期权到期时间的长短有关，距到期日的时间越长，Rho 的绝对值越大，在到期日，Rho 将等于 0。

前面曾经指出：利率变动对期权价值变动的影响力非常小，在实际交易中，把它当作一个吹毛求疵的小东西就可以了。小到什么程度呢，现在从计算结果就可以体会到了。利率从 2% 变动到 3%，那可是在原来的基础上增加了 50%，可谓是巨幅变动，然而看跌期权理论价只减少了 0.0279 元，要知道豆粕期权价格的最小跳动点就是 0.5 元，这么大的利率变动引起的价格变化居然连最小跳动点的十分之一都不到，还值得重视吗？将它当成空气就行。

- 行情软件中风险指标的差异

前面以大连和郑州两家交易所提供的期权计算器为样本，对如何运用及计算结果进行了解读。实际上除了这两家交易所提供的期权计算器外，可以在网上找到更多。比如，有一定英文基础的读者可以参考芝加哥期权交易所提供的期权计算器，链接网址为 https://www.cboe.com/education/tools/options-calculator/。另外，如果你对计算结果的含义已经了然于胸，那么在实际交易中就根本不需要再使用期权计算器了，因为在期权行情软件上所有的

① 按照定义，看涨期权的 Rho 应该是正值，现在计算值却为负值！原因不得而知，也许是该计算器编制中存在 bug 吧。

计算结果不仅都有，而且都是实时计算的。

交易者可能会发现，有时同一个计算结果在不同的期权计算器中或不同的行情软件中并不一致。特别是 5 个风险指标中后面 3 个指标，有的甚至相差数百倍！什么原因？

相差的原因不外乎下面几点：选用的计算模型不一样，出来的结果会有差异，比如欧式和美式之间的差别；输入参数不一样也会导致差异，比如波动率、利率参数选择不一样计算结果自然也会产生差异；风险指标中使用的基本单位不一样，风险指标的定义都是影响因素变动一个基本单位导致期权价格产生的变化，但什么是基本单位？比如，利率变动的基本单位，有人取 1%，有人取“基点”（100 个基点为 1%），结果自然也不一样；有的行情软件考虑计算出来的数值太小，比如都是小数点后四位的数字，主动将其放大 100 倍甚至 10000 倍，显示的结果自然也不一样。

期权策略，乱花渐欲迷人眼

1. 期权策略概述

期权交易策略实在太多，有人说常见的有 20 种，有人列出了 40 种期权投资策略，即使是 40 种的说法，还是没有一网打尽。

回看一下前面的图 7 和图 8，在图 7 的下部，是不是有 6 个按键，其名称分别为“看大涨”“看大跌”“看小涨”“看小跌”“看不涨”和“看不跌”，告诉你，这就是 6 个期权策略。这些策略的共同点是每个策略仅涉及一个期权合约，因此可称为单一期权策略。在图 7 的右上角有一名为“组合策略”的按键，点击即出现图 8 的页面。从图 8 的题头上可见 9 个子链接，除第一个“自组”按键外，其余 8 个分别为“牛市看涨”“牛市看跌”“熊市看涨”“熊市看跌”“跨式突破”“宽跨式突破”“跨式盘整”和“宽跨式盘整”，告诉你，这些也是期权策略。这些策略的共同点是每个策略都涉及两个期权合约，因此被称为组合期权策略。

图 7 和图 8 来自上海文华财经资讯股份有限公司提供的“赢顺 wh6”行情软件，再来看上海澎博网络数据信息咨询有限公司提供的“博易大师”行

情软件（见图 16）。

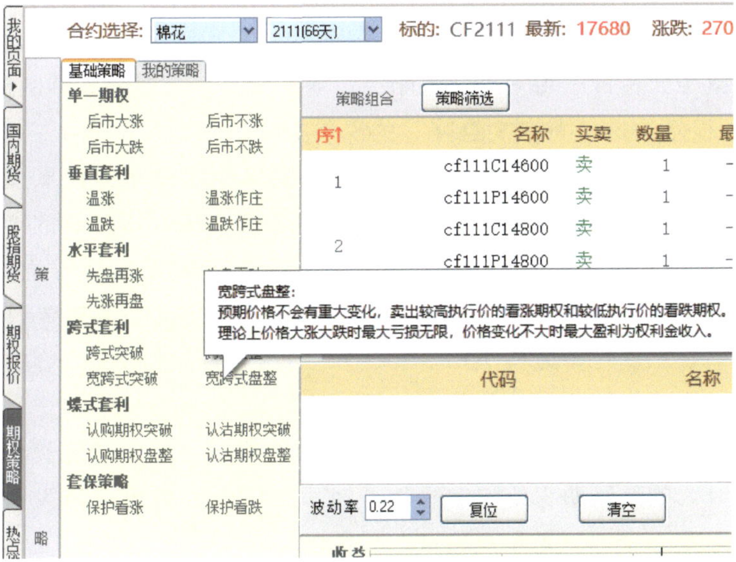

图 16　博易大师行情软件中的期权策略

图 16 为博易大师行情中的“期权策略”页面，页面左侧的“基础策略”栏列出了六大类策略。

六大类策略中第一类是“单一期权”，下分 4 个子策略。注意，文华财经列出了 6 个。文华财经中的“看大涨”和“看小涨”相当于这里的“后市大涨”；“看大跌”和“看小跌”相当于“后市大跌”；“看不涨”相当于“后市不涨”；“看不跌”相当于“后市不跌”。

第二类为“垂直套利”，下分 4 个子策略。其中“温涨”即文华财经中的“牛市看涨”；“温涨作庄”即文华财经中的“牛市看跌”；“温跌作庄”即文华财经中的“熊市看涨”；“温跌”即文华财经中的“熊市看跌”。

第三类为“水平套利”，下分 4 个子策略。文华财经中没有列出。

第四类为“跨式套利”，下分 4 个子策略。4 个子策略的名称与文华财经完全相同。

第五类为“蝶式套利”，下分 4 个子策略。文华财经中没有列出。

第六类为“套保策略”，下分两个子策略。文华财经中没有列出。

若将鼠标光标置于每一个子策略上，随即会显示出对该策略的简要说明，现在图 16 显示的是“宽跨式盘整”的说明。

从上面的比较可见，似乎博易大师提供的策略比文华财经更多。但别忘了文华财经的组合策略中还有一个“自组”按键。通过该按键的选择，博易大师中的 4 个“蝶式套利”及两个“套保策略”都可以自行构建。比如，“博易大师”中的“蝶式套利”子策略“认购期权突破”的简要说明为“预期价格会有重大变化，方向不明。卖出较低执行价和较高执行价的看涨期权各一份，买进中间价位执行价的看涨期权两份”。

在图 17 中，行权价 17600 元和 18000 元的看涨期权处勾选卖出，再在行权价 17800 元的看涨期权处勾选买入，然后在下面的清单中将买入的手数调为 2 手，就是一个“认购期权突破”策略。

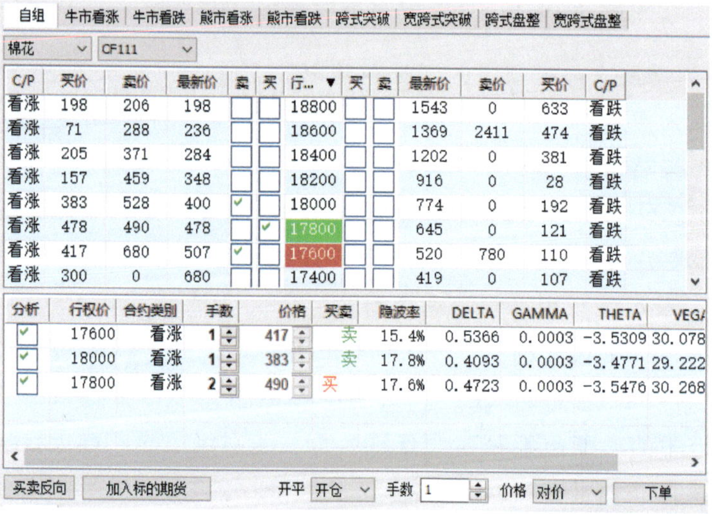

图 17 用文华财经的“自组”策略构建“蝶式套利”

再看博易大师“套保策略”中的“保护看涨”，其简要说明为“买入期货的同时，买入相应的认沽期权”。注意，在图17中的下端有一个“加入标的期货”的按键，有了这个按键，构建“套保策略”就很容易了。

从上述的比较可以发现：期权策略的确很多，而且不同的交易软件给出的策略名称还不尽相同。面对如此纷杂繁多的期权策略，刚入门的初学者很容易懵圈。怎么办？要融通这么多策略，有一点耐心是必须的。此外，充分发挥行情软件的分析作用也很重要，现在市面上流行的各种行情软件包括前面介绍的文华财经和博易大师，都会对各种策略进行分析说明，这些说明包括策略的构建方法、应用场合、盈亏区域及盈亏平衡点等，更重要的是还会显示该策略的图示。充分利用这些行情软件的分析功能可以收到事半功倍的效果。

2. 买进看涨期权

买进看涨期权是指购买者付出权利金后得到一个可以但非必需在规定期限内按指定行权价买进一定数量标的物的权利，只能在到期日行权的称为欧式期权，在到期日及之前都可以行权的称为美式期权。因为标的物价格上涨将导致看涨期权价格上涨，因此对于看好后市的交易者而言，选择买进看涨期权是个不错的策略。

案例6

图18上、下两图分别显示的是文华财经的2021年8月股指期权看大涨和看小涨策略。当日（2021年8月9日）标的物沪深300股指收盘价为4985.56点。注意：上图的“看大涨”中列出的行权价都是虚值期权，而下图的“看小涨”中列出的行权价都是实值期权。

第一张图中选择的行权价为5000点，该图的右边框是对买进行权价5000点看涨期权的分析。首先是有一张非常直观的期权到期日的盈亏平衡图，其次，平衡图上下有相应的说明。上方的说明是：买入建仓策略分析（IO2108 - C - 5000），其合约释义为“你认为沪深 300 在 20210820 之前价格将会大涨到 5000.00 以上”。下方的分析为：预估权利金 3720.0 元/手，这一预估是针对目前的卖出价 37.2 元而言的，若按此价格买进，需要支付权利金 3720.0 元/手（合约乘数为 100）；因为是买进期权，所以不需要保证金；行权收益 =（标的价格 - 行权价格 - 期权价格）× 交易单位 × 手数 =（标的价格 - 5037.2）× 100 × 手数；从前式可见，如果到期标的价格为 5037.2，则收益等于零，这就是盈亏平衡点，如果到期标的价格大于 5037.2 就有净收益（不考虑手续费），标的涨势越大盈利越多；最大盈利无限，最大亏损 3720.0 元/手。

盈亏平衡图所在框下面是该期权合约的相关指标。比如，隐含波动率、理论价、五大风险指标，前面都已经介绍过。除此之外，还有 3 个未介绍过的指标。

- 杠杆比率

杠杆比率叫作名义杠杆率或者成本杠杆率，它指的是购买标的物的价格与权利金的比值。在期货交易中，保证金比率的倒数就是杠杆率，保证金比率越低，杠杆率越高。现在，标的物价格为 4985.56 点，而看涨期权权利金最新价为 37.2 点，杠杆率 = 4985.56/37.2 = 134.02。这一杠杆率明显比期货的杠杆率高。

- 溢价率

溢价率 =（盈亏平衡点 - 标的物价格）/标的物价格 × 100% =（5037.2 - 4985.56）/4985.56 × 100% = 1.04%，其含义为当前标的物价格需要上涨 1.04% 可以达到盈亏平衡点。

- 真实杠杆率

名义杠杆率存在一个问题，那就是由于期权合约价格的涨跌与标的价格的涨跌，并不是完全同步的。从 Delta = 0.4816 可知。标的物上涨 10 点，看

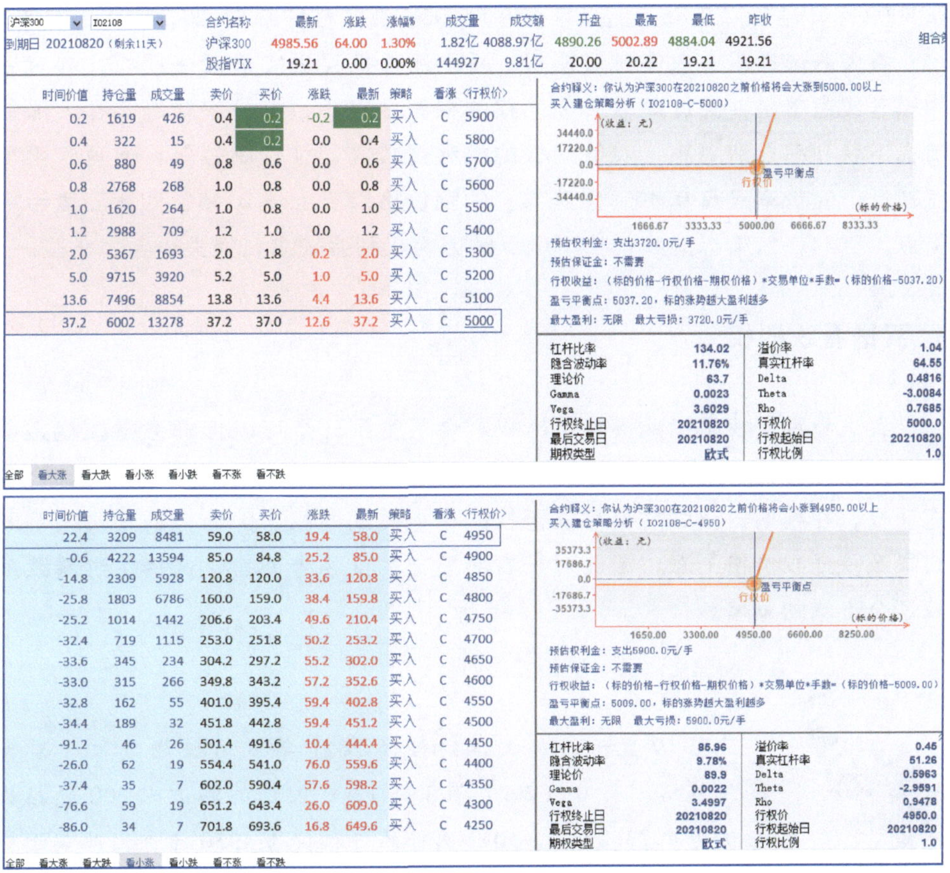

沪深300	IO2108	合约名称	最新	涨跌	涨幅%	成交量	成交额	开盘	最高	最低	昨收
到期日 20210820（剩余11天）		沪深300	4985.56	64.00	1.30%	1.82亿	4088.97亿	4890.26	5002.89	4884.04	4921.56
		股指VIX	19.21	0.00	0.00%	144927	9.81亿	20.00	20.22	19.21	19.21

时间价值	持仓量	成交量	卖价	买价	涨跌	最新	策略	看涨	〈行权价〉
0.2	1619	426	0.4	0.2	-0.2	0.2	买入	C	5900
0.4	322	15	0.4	0.2	0.0	0.4	买入	C	5800
0.6	880	49	0.8	0.6	0.0	0.6	买入	C	5700
0.8	2768	268	1.0	0.8	0.0	0.8	买入	C	5600
1.0	1620	264	1.0	0.8	0.0	1.0	买入	C	5500
1.2	2988	709	1.2	1.0	0.0	1.2	买入	C	5400
2.0	5367	1693	2.0	1.8	0.2	2.0	买入	C	5300
5.0	9715	3920	5.2	5.0	1.0	5.0	买入	C	5200
13.6	7496	8854	13.8	13.6	4.4	13.6	买入	C	5100
37.2	6002	13278	37.2	37.0	12.6	37.2	买入	C	5000

合约释义：你认为沪深300在20210820之前价格将会大涨到5000.00以上

买入建仓策略分析（IO2108-C-5000）

预估权利金：支出3720.0元/手

预估保证金：不需要

行权收益：（标的价格-行权价格-期权价格）*交易单位*手数=（标的价格-5037.20）

盈亏平衡点：5037.20，标的涨势越大盈利越多

最大盈利：无限　最大亏损：3720.0元/手

杠杆比率	134.02	溢价率	1.04
隐含波动率	11.76%	真实杠杆率	64.55
理论价	63.7	Delta	0.4816
Gamma	0.0023	Theta	-3.0084
Vega	3.6029	Rho	0.7685
行权终止日	20210820	行权价	5000.0
最后交易日	20210820	行权起始日	20210820
期权类型	欧式	行权比例	1.0

全部　看大涨　看大跌　看小涨　看小跌　看不涨　看不跌

时间价值	持仓量	成交量	卖价	买价	涨跌	最新	策略	看涨	〈行权价〉
22.4	3209	8481	59.0	58.0	19.4	58.0	买入	C	4950
-0.6	4222	13594	85.0	84.8	25.2	85.0	买入	C	4900
-14.8	2309	5928	120.8	120.0	33.6	120.8	买入	C	4850
-25.8	1803	6786	160.0	159.0	38.4	159.8	买入	C	4800
-25.2	1014	1442	206.6	203.4	49.6	210.4	买入	C	4750
-32.4	719	1115	253.0	251.8	50.2	253.2	买入	C	4700
-33.6	345	234	304.2	297.2	55.2	302.0	买入	C	4650
-33.0	315	266	349.8	343.2	57.2	352.6	买入	C	4600
-32.8	162	55	401.0	395.4	59.4	402.8	买入	C	4550
-34.4	189	32	451.8	442.8	59.4	451.2	买入	C	4500
-91.2	46	26	501.4	491.6	10.4	444.4	买入	C	4450
-26.0	62	19	554.4	541.0	76.0	559.6	买入	C	4400
-37.4	35	7	602.0	590.4	57.6	598.2	买入	C	4350
-76.6	59	19	651.2	643.4	26.0	609.0	买入	C	4300
-86.0	34	7	701.8	693.6	16.8	649.6	买入	C	4250

合约释义：你认为沪深300在20210820之前价格将会小涨到4950.00以上

买入建仓策略分析（IO2108-C-4950）

预估权利金：支出5900.0元/手

预估保证金：不需要

行权收益：（标的价格-行权价格-期权价格）*交易单位*手数=（标的价格-5009.00）

盈亏平衡点：5009.00，标的涨势越大盈利越多

最大盈利：无限　最大亏损：5900.0元/手

杠杆比率	85.96	溢价率	0.45
隐含波动率	9.78%	真实杠杆率	51.26
理论价	89.9	Delta	0.5963
Gamma	0.0022	Theta	-2.9591
Vega	3.4997	Rho	0.9478
行权终止日	20210820	行权价	4950.0
最后交易日	20210820	行权起始日	20210820
期权类型	欧式	行权比例	1.0

全部　看大涨　看大跌　看小涨　看小跌　看不涨　看不跌

图 18　买进看涨期权的策略分析

涨期权价格大致上涨 4.816 点。在这种情况下，名义杠杆率难免会有误导作用。为了消除这种偏差，应该对名义杠杆率进行调整，调整之后的杠杆率称为真实杠杆率。真实杠杆率 = 名义杠杆率 × Delta。比如，目前的名义杠杆率 = 134.02，于是真实杠杆率 = 134.02 × 0.4816 = 64.54。

第二张图中选择的行权价为 4950 点，此为实值期权。解读方法与上图完全相同。由于是实值期权，权利金 59 点，高于第一张图中的 37.2 点。盈亏平衡点5009点，溢价率0.45，名义杠杆率85.96，真实杠杆率51.26，均比上图低。

看大涨选择买进虚值看涨期权，看小涨选择买进实值看涨期权，其背后的原理或逻辑是：买进虚值看涨期权的权利金较小，杠杆率较高，在大涨的情况下获利率自然更高；实值期权的权利金较高，杠杆率较低，但盈亏平衡点较低，溢价率只有0.45，意味着标的物价格只要上涨0.45%即达到盈亏平衡点。当然，如果标的物价格不涨反跌因为权利金较高，损失也会多一些。

3. 买进看跌期权

买进看跌期权是指购买者付出权利金后得到一个可以但非必需在规定期限内按指定行权价卖出一定数量标的物的权利，只能在到期日行权的称为欧式期权，在到期日及之前都可以行权的称为美式期权。因为标的物价格下跌将导致跌期权价格上涨，因此对于看坏后市的交易者而言，选择买进看跌期权是个不错的策略。

案例7

图19显示的是文华财经的2021年9月股指期权“看大跌”策略。当日（2021年8月12日）标的物沪深300股指收盘价为4973.35点。由于选择的行权价为4950点，因此属于虚值期权。注意“看大跌”策略中列出的行权价实际上都是虚值期权，而“看小跌”策略中列出的行权价都是实值期权。如此分类的原因与前面的“看大涨”“看小涨”完全相同。

同样，在策略分析中有一张非常直观的期权到期日的盈亏平衡图。平衡图上方的说明是：买入建仓策略分析（IO2109－P－4950），其合约释义为“你认为沪深300在20210917之前价格将会大跌到4950.00以下”。下方的分析为：预估权利金12360.0元/手，这一预估是针对目前的卖出价123.6元而言的，若按此价格买进，需要支付权利金 12360.0 元/手（合约乘数为 100）；因为是买进期权，所以不需要保证金；行权收益 =（行权价格 − 标的价格 − 期权价格）× 交易单位 × 手数 =（4826.40 − 标的价格）× 100 × 手数；如果到期标的价格为 4826.40，则收益等于 0，因此 4826.40 就是盈亏平衡点，如果到期标的价格小于 4826.40 就有净收益（不考虑手续费），标的跌势越大盈利越多；最大盈利无限（注意此表述是错误的，因为标的价格即使跌至零也是有限的），最大亏损 12360.0 元/手。

盈亏平衡图所在框下面是该期权合约的相关指标。其中杠杆比率 =4973.35/122.0 =40.77；溢价率 =（标的物价格 − 盈亏平衡点）/标的物价格 ×100% =（4973.35 − 4828.0）/4973.35 ×100% =2.92%，其含义为当前标的物价格需要下跌 2.92% 可以达到盈亏平衡点。注意，这里使用的盈亏平衡点都是按照最新成交价计算的，盈亏平衡点 = 4950 − 122.0 = 4828.0。真实杠杆率 = 名义杠杆率 × Delta = 40.77 ×（−0.4413）= −17.99。

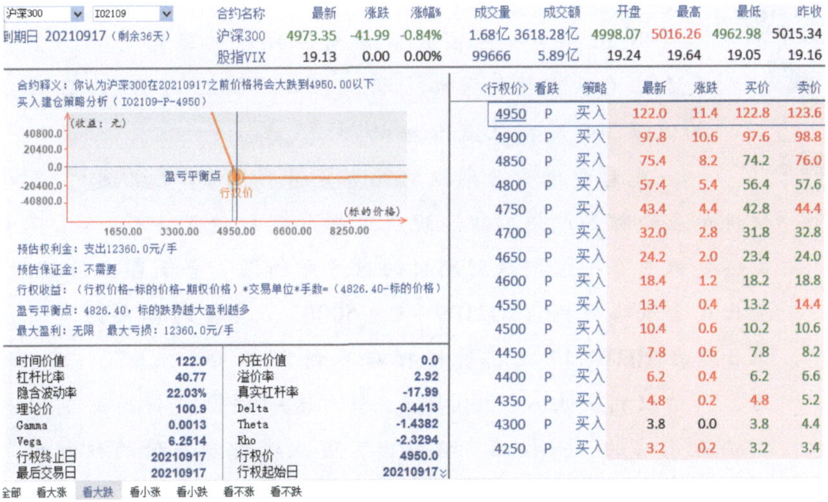

图 19 买进看跌期权的策略分析

4. 卖出看涨（看跌）期权

卖出看涨（看跌）期权可以获得买方支付的权利金，如果在期权有效期内标的物价格没有上涨（下跌），则这一笔权利金自然成为自己的收益了；相反，如果在期权有效期内标的物价格上涨（下跌）了，无论是中途平仓还是最后被行权，都会产生损失。在到期日，如果标的物价格上涨（下跌）的幅度没有超过收到的权利金，意味着还没有产生净损失，不过是将前期收到的权利金吐出了一部分或全部；如果标的物价格上涨（下跌）的幅度超过收到的权利金，就会产生净亏损了。

很显然，作为投机交易策略，卖出看涨期权的前提是你认为标的物价格不会涨，因此可以称“看不涨”。同样，卖出看跌期权的前提是你认为标的物价格不会跌，因此可以称“看不跌”。

案例8

图 20 中上一张图是卖出看涨期权的策略分析，下一张图是卖出看跌期权的策略分析，当日（2021 年 8 月 12 日）标的物沪深 300 股指收盘价为 4973.35 点。

先看卖出看涨期权的策略分析（图 20 之上图），图中的行权价对应的都是虚值期权。现在选择的行权价是 5000 点。同样，在策略分析中有一张期权到期日的盈亏平衡图。平衡图上方的说明是：卖出建仓策略分析（IO2109 – C – 5000），其合约释义为“你认为沪深 300 在 20210917 之前价格将涨不到 5000.00 以上”。下方的分析为：预估权利金收入 7560.0 元/手，这一预估是针对目前的买进价 75.6 元而言的，若按此价格卖出，可收取对方支付的权利金 7560.0 元/手（合约乘数为 100）；因为是卖出期权，所以需要缴纳保证金，不过分析只给出了交易所的保证金计算公式，没有具体计算数值；

被行权收益 =（行权价格 − 标的价格 + 期权价格）× 交易单位 × 手数 =（5075.6 − 标的价格）× 100 × 手数；如果到期标的价格为 5075.6，则收益等于零，因此 5075.6 就是盈亏平衡点，如果到期标的价格小于 5075.6 就有净收益（不考虑手续费），标的涨势越大亏损越多；最大盈利 7560.0 元/手，最大亏损无限。

盈亏平衡图所在框下面是该期权合约的相关指标。但请大家注意，这些指标都是针对买进期权，即站在期权多头角度计算的，对于卖出期权者而言，除个别中性的指标外，都应该做相反的理解。比如，溢价率 = 2.08%，其含义为当前标的物价格需要上涨 2.08% 可以达到盈亏平衡点，这对多头而言意味着付出的权利金收回了，而对卖出者而言，意味着收到的权利金全吐出去了。又如，对风险指标而言，Delta = 0.4909，意味着标的指数上涨 1 点，看涨期权价格上涨 0.4909 点，对期权多头而言，标的指数上涨是好事，但对卖出期权而言则是损失，如果站在卖出者角度思考，这个 Delta 值实际应该取负号。又如，Theta 值 = −1.7257，其含义为时间减少一天，看涨期权的价格损失 1.7257 点，但对于卖出期权者而言这可是好事，因此，这个 Theta 值实际应该是正值。

再看卖出看跌期权的策略分析（图 20 之下图），图中的行权价对应的都是实值期权。现在选择的行权价是 4950 点。同样，在策略分析中有一张期权到期日的盈亏平衡图。平衡图上方的说明是：卖出建仓策略分析（IO2109 − P − 4950），其合约释义为“你认为沪深 300 在 20210917 之前价格将跌不到 4950.00 以下”。接下来的分析方法与卖出看涨期权几乎是相同的，相信读者完全有能力自行完成。但有一点须注明，“最大亏损为无限”的表述不严谨，因为标的指数即使跌到零也是有限的。

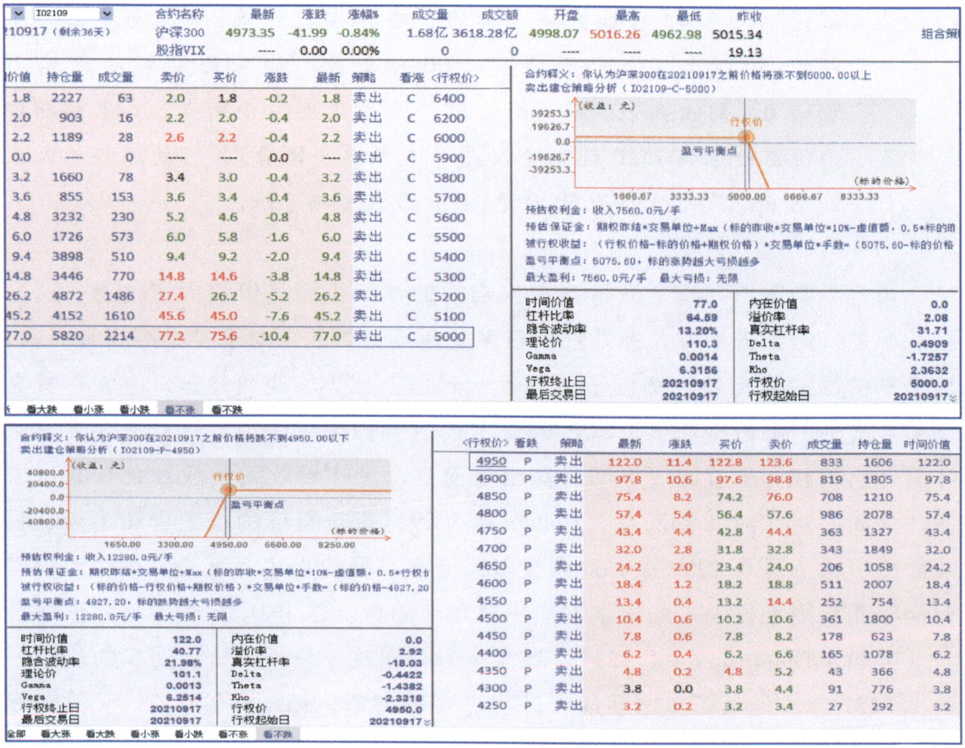

图 20 卖出看涨（看跌）期权的策略分析

【小贴士】静态分析与动态分析

前面介绍的4个期权策略中我们都看到有一张反映期权到期日的盈亏平衡图。尽管盈亏平衡图上提供了很多有用的信息，比如盈亏平衡点、盈利区域、亏损区域、最大盈利及最大亏损等。但请注意，这些信息都是与到期日有关的信息，这种仅针对期权到期日的分析可称之为静态分析。

静态分析聚焦在期权到期日，对于那些不可以在到期日之前进行转手交易的场外期权而言也许是比较合适的。然而，对于那些可以在交易时间内连续交易的场内期权而言，这种静态分析显然是有缺陷的，至少可以说不完整的。在场内期权的实际交易中，买卖期权合约后一直持有至到期日的人可以说非常少，绝大部分情况都会中途平仓，或是移仓换月进行新的布局。假定中途平仓时的标的物价格与到期日的标的物价格相同，但两者的期权价格基本上是不相等的，其原因是在期权到期日，期权已经没有时间价值，只剩下内在价值，而在期权未到期时，期权除了具有内在价值外还有时间价值。“到期损益图”无法体现我们平时交易的真正盈亏。因此，除了“到期损益图”外，我们还需要能够反映未到期时的盈亏图，而这种能够反映未到期的盈亏图可以称之为动态分析。

图21是一张买进股指看涨期权的动态分析图，图中可以看到各种期权的参数，比如标的指数和行权价都是5000点的看涨期权，剩余时间还有40天，波动率为21.49，利率为3%，按欧式期权计算模型计算得到的看涨期权理论价等于150点，据此可以知道，在到期日的盈亏平衡点=5150点。如果到期指数高于5150点，则获利=到期指数-5150；到期指数不高于5000点，则亏损=150点；到期指数在5000点和5150点之间，则亏损=5150-到期指数。图中最下面一条折线就是这条到期的盈亏线。

图中实际上还有两条曲线，最上面一条是当日（即剩余日期40天）的盈亏线，指数为5000点时，期权理论价为150点，如果你随即在此价位平仓，自然是盈亏=0（不考虑手续费，下同）；如果上涨50点至5050点，理论价将为178.01点，平仓收益=28.01点；如果上涨100点至5100点，理论价将为208.73点，平仓收益=58.73点；如果下跌50点至4950点，理论价将为124.78点，平仓收益=-25.22点。

图中中间一条线为剩余日期还有15天时的盈亏线，指数为5000点时，当波动率及利率参数不变时期权理论价为89.95点，如果在此价位平仓，盈亏=-60.05点；如果上涨50点至5050点，理论价将为118.21点，平仓收益=-31.79点；如果上涨100点至5100点，理论价将为150.82点，平仓收益=0.82

点；如果下跌 50 点至 4950 点，理论价将为 66.25 点，平仓收益 = －83.75 点。

不妨将标的指数在 5100 点时 3 个不同时间点的收益情况比较一下，如果剩余时间 40 天（即交易当天）时可以获利 58.73 点；如果在剩余时间 15 天时平仓也可获得 0.82 点的收益；如果在到期日时行权，收益就是 5100 － 5150 = －50 点。

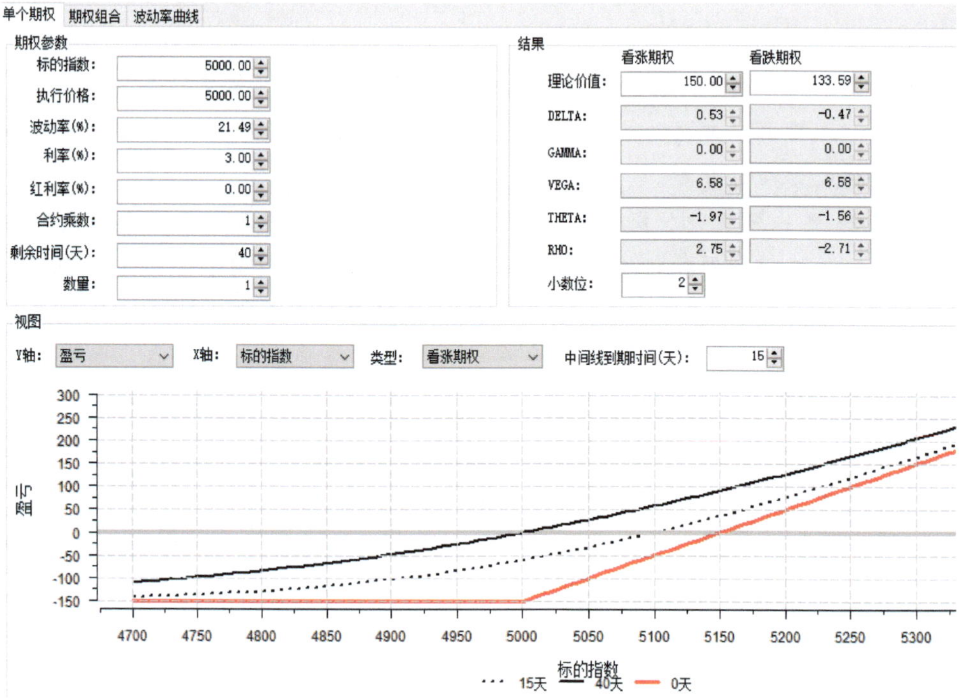

图 21　买进看涨期权的动态分析

5. 牛市看涨和熊市看涨

牛市看涨和熊市看涨属于“垂直交易”策略，所谓“垂直”是指 T 型期权行情表中“垂直”的一列。若在同一列中选择两个期权合约，一买一卖，就构成了一个垂直价差交易。可见，垂直交易中的两个合约除了行权价不同外，其他都是相同的。

在看涨期权垂直交易策略中，买进低行权价期权同时卖出高行权价期权，称为“牛市看涨期权价差”。之所以称为“牛市”，是因为该策略在标的物价格上涨时是有利的，因此也被称为“牛策略”。相反，如果买进高行权价期权同时卖出低行权价期权，则称为“熊市看涨期权价差”或“熊策略”，这是因为该策略在标的物价格下跌时可以获利。

显然，所谓的“熊策略”和“牛策略”，实际上就是互反的策略。

也可将“牛市看涨期权价差”称为“买进看涨期权价差”或“看涨期权价差多头”。如此则“熊市看涨期权价差”称为“卖出看涨期权价差”或“看涨期权价差空头”，如此命名的好处是摆脱了“牛市”“熊市”的纠缠。

案例9

图22为文华财经的“组合策略”页面，品种为沪深300股指9月期权，从打钩处可见，选取的两个合约分别为卖出行权价5000点的看涨期权和买进行权价4950点的看涨期权，买进的行权价低于卖出的行权价。从最新成交价看，卖出行权价5000点的看涨期权的成交价为65.2点，这是可以收到的权利金，买进行权价4950点的看涨期权的成交价为87.2点，这是需要付出的权利金，两相抵消后还需支付净权利金82.2－65.2＝17点。

接下来对这一组合的收益情况做分析，先看到期日情况。假定到期日指数不低于5000点，买进的4950看涨期权可以行权，卖出的5000点看涨期权被行权，两相抵消后净得行权收益50点，扣除当初的权利金净支出17点，还可以获得33点的收益由于合约乘数为100，因此最大收益＝3300元。如果到期日指数不高于4950点，两个看涨期权都作废，最后净亏17点，即最大亏损＝1700元。如果到期日指数为 4967 点，则卖出的 5000 点的看涨期权作废，买进的 4950 看涨期权可以行权获得 17 点的收益，恰好与当初权利金净支出的 17 点抵消，收益为 0，由此可知，4967 点就是该策略在到期日的盈亏平衡点。图 22 右端中部有一张盈亏平衡图，图中的折线就是到期日的盈亏线。

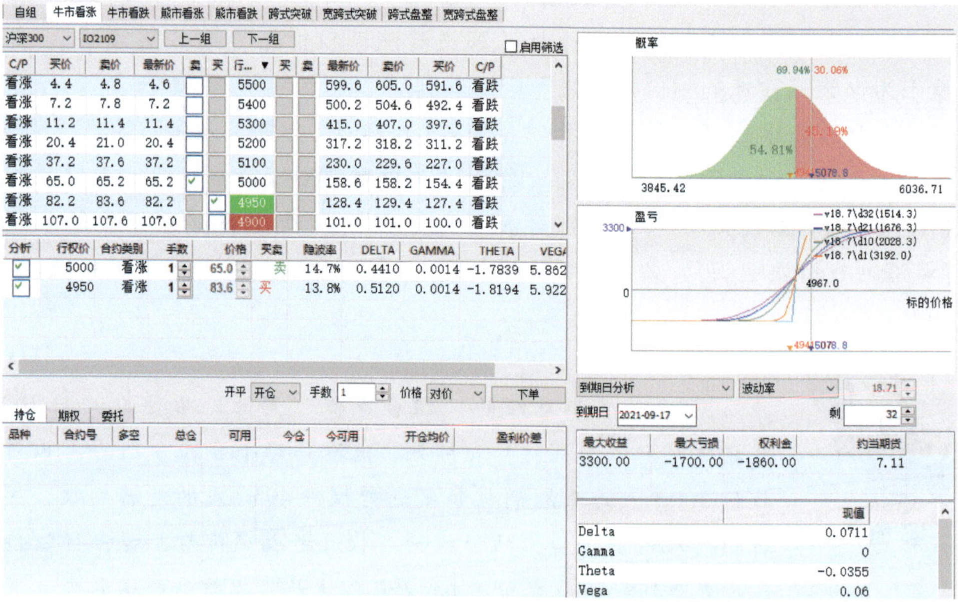

图 22　牛市看涨策略

眼尖的读者可能发现，怎么图中右下端的净权利金为 –1860.00 元，上面不是计算出等于 1700 元吗？造成的原因是在计算保证金时软件是按照对手价计算的。

同时，请注意图中共有 5 条盈亏平衡线，除了一条折线代表到期日的盈亏平衡外，其余 4 条分别代表不同剩余天数时的盈亏平衡。标注中的 V18.7 的含义为波动率，d 是期权剩余天数，若将光标置于某一点位处会出现一条竖直线，目前显示标的指数为5078.8点，可以看到剩余时间1天的净收益=3192.0元（括弧内数字），剩余时间10天的净收益=2028.3元，剩余时间21天的净收益=1676.3元，剩余时间32天的净收益=1514.3元，这些就是所谓的动态分析了。

最后看一看相应的风险指标。不难理解，因为卖出一个看涨期权的同时买进了一个看涨期权，尽管行权价不同，但与期货中的价差交易类似，绝大部分的风险已经被对冲掉了。从前面的分析结果也能看出，最大盈利和最大亏损都是有限的。图22右下端显示的是两个期权组合之后的风险指标，其中，Delta=0.0711，Gamma=0，Theta=-0.0355，Vega=0.06。与单个期权的风险指标（在图的左中部）比较一下就知道，组合之后的风险指标都是非常小的。正因为风险有限，交易所对这类组合通常都会在收取保证金时给予优惠，对此不妨回看一下前面的【小贴士】“期权组合的保证金”的内容。

“熊市看涨”策略与上面介绍的“牛市看涨”策略原理相同，唯一的区别是买进变成卖出，卖出变成买进，不难想到，其结果正好相反。从盈亏平衡图看，恰好是左右倒转一下即可。

6. 牛市看跌和熊市看跌

“牛市看跌”策略是在看跌期权垂直系列中买进低行权价合约同时卖出高行权价合约，由于这一策略在标的物价格上涨时有利，标的物价格下跌时不利，故将其称为“牛策略”。

“熊市看跌”策略则相反，是指买进高行权价合约卖出低行权价合约，由于这一策略在标的物价格下跌时有利，标的物价格上涨时不利，故将其称为“熊策略”。

同样可以将“牛市看跌”策略称为“卖出看跌期权价差”或“看跌期权价差空头”。将“熊市看跌”策略称为“买进看跌期权价差”或“看跌期权价差多头”，如此命名的好处是摆脱了“牛市”“熊市”的纠缠。

同样，“牛市看跌”策略与“熊市看跌”策略的结果正好相反，如果从盈亏平衡图看，两者恰好具有左右倒转关系。下面看一个熊市看跌的例子。

案例10

图23为文华财经的“组合策略”页面，品种为沪深300股指9月期权，从打钩处可见，选取的两个合约分别为买进行权价4950点的看跌期权和卖出行权价4800点的看跌期权，买进的行权价高于卖出的行权价。从最新成交价看，买进行权价4950点的看跌期权的成交价为128.4点，这是应该付出的权利金，卖出行权价4800点的看跌期权的成交价为60.0点，这是可以收到的权利金，两相抵消后还得支付净权利金128.4－60.0＝68.4点。

接下来对这一组合的收益情况做分析，先看到期日情况：假定到期日指数不低于4950点，两个看跌期权都作废，当初净支付的68.4点权利金全部亏掉，最大损失为6840元。如果到期日指数不高于4800点，则买进的行权价4950点的看跌期权可以行权，卖出的行权价4800点的看跌期权被行权，两相抵消后净得行权收益150点，扣除当初的权利金净支出68.4点，还可以获得81.6点的收益，由于合约乘数为100，因此最大收益＝8160元。如果到期日指数为4881.6点，则卖出的行权价4800点的看跌期权作废，而买进的行权价4950点的看跌期权可以行权，因此而获得68.4（即4950－4881.6）点的行权收益，恰好与当初权利金净支出的68.4点抵消，收益为0，由此可知，4881.6点就是该策略在到期日的盈亏平衡点。图23右端中部有一张盈亏平衡图，图中的折线就是到期日的盈亏线。

同样，图中右下端的净权利金为－6940.00元，与上面计算出的6840元不一样，其原因是这一计算是按照对手价计算的。

该策略的动态分析及风险指标分析不再赘述，因为其原理与上一节的“牛市看涨”策略完全相同。

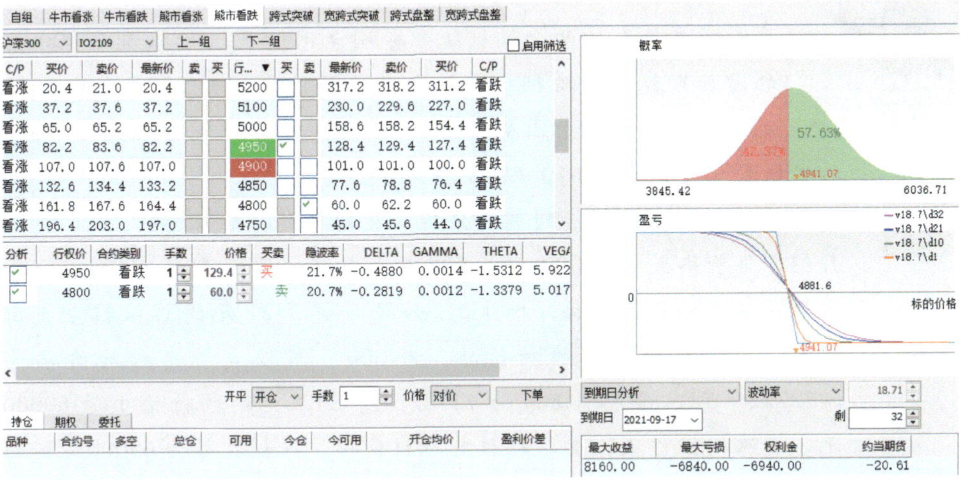

图 23　熊市看跌策略

7. 跨式突破与跨式盘整

跨式（Straddle）交易策略的含义是：以相同的行权价同时买进（卖出）看涨和看跌期权，两个期权的标的物相同、到期日相同。

同时买进看涨和看跌期权称为跨式多头（Long Straddle）策略，或称为买进跨式组合，文华财经和博易大师都称为“跨式突破”。同时卖出看涨和看跌期权称为跨式空头（Short Straddle）策略，或称为卖出跨式组合，文华财经和博易大师都称为“跨式盘整”。

跨式交易策略的翻译名称千奇百怪，除了译为“跨式”外，还有译为“马鞍式期权”“骑墙组合”“等量同价对敲期权”的，此外，“双向期权（Double Options）”“底部跨式期权（Bottom Straddle）”表达的也都是同一个内容。

案例 11

图 24 是铜期货期权跨式突破策略的一个演示。从图中可见，现在选取的两个期权组合分别是同时买进行权价 69000 元的看涨期权和看跌期权。按成交价计，分别为 2220 元和 1502 元，意味着需要付出权利金 3722 元，考虑到合约乘数为 5 吨，总的权利金支出为 18610（3722 ×5）元。

首先对该策略进行到期日分析。在到期日，如果标的 2021 年 10 月铜期货价格大于 69000 元，看跌期权作废，看涨期权有行权价值，行权收益为标的物价格 – 69000，如果减去 3722 元的总权利金支出成本，总盈亏为：标的物价格 – 69000 – 3722 =（标的物价格为 – 72722）元，盈亏平衡点为 72722 元。如果标的物价格小于 69000 元，看涨期权作废，看跌期权有行权价值，行权收益为 69000 – 标的物价格，如果减去 3722 元的总权利金支出成本，总盈亏为：（69000 – 3722） – 标的物价格 =（65278 – 标的物价格）元，盈亏平衡点为 65278 元。如果标的物价格正好为 69000 元，看涨期权和看跌期权都作废，总的盈亏为 – 3722 元。

如此可得出如下结论：标的物价格小于 65278 元时，该跨式期权多头获利，总盈利 =（65278 – 标的物价格）元；标的物价格在 65278 元和 72722 元之间时，该跨式期权多头亏损；标的物价格为 69000 元时，该跨式期权多头发生最大亏损，最大亏损为 3722 元；标的物价格大于 72722 元时，该跨式期权多头获利，总盈利 =（标的物价格 – 72722）元。

从图形中我们可以得到直观的印象。在图 24 中可见，跨式突破到期日盈亏线形似英文字母“V”，两个盈亏平衡点对称骑跨于行权价，因此用“跨式”命名该策略还是比较形象的。两个盈亏平衡点之间是跨式突破策略的亏损区，最大亏损点对应的是 69000 元的行权价。标的物价格在左盈亏平衡点之左时，标的物价格越低，盈利就越大；在右盈亏平衡点之右，标的物价格越高，盈利就越大。

其次看动态分析。V字型盈亏线是到期日盈亏线，如果进行动态分析，在波动率不变的情况下，盈亏曲线会上移，这时候两个盈亏平衡点会接近一些，意味着亏损区域缩小一些。在期权未到期之时，即使标的价格仍旧为69000元，最大亏损也会减小，这是因为期权未到期时仍旧有价值，通过平仓仍旧可以收回部分成本。

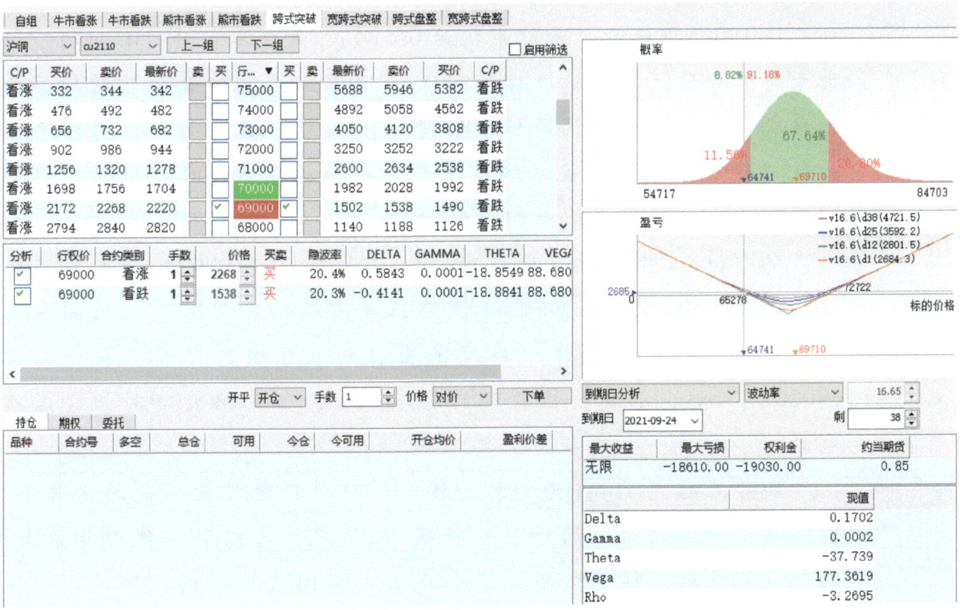

图24　铜期货期权跨式突破策略

注意，图24中显示的总权利金为19030元，与上述的3722元不一样，那是按照盘中对手价计算的结果，按对手价计算总权利金 $=(2268+1538)\times5=19030$ 元。

那么，什么情景下适合使用跨式突破策略呢？一般而言，交易者判断牛皮盘整行情即将结束，标的物价格有可能大幅上涨或大幅下跌，但究竟是涨还是跌吃不透，这时候比较适合采用跨式突破策略。不难看出，该策略实际上是在进行两头押注，一旦标的物价格大幅上涨，买进的看涨期权可以大大获利；反之，如果标的物价格大幅下跌，买进的看跌期权可以大大获利；当然，最糟糕的情况是行情继续盘整，看涨期权和看跌期权没有一个较大的获利，或者说获利很少还不足以弥补当初付出的两个权利金价格，自然就会导致亏损。

最后，看一下跨式突破策略的风险指标。

从 Delta 指标看，看涨期权为 0.5843，看跌期权为 -0.4141，但由于符号相反，两相抵消后只有 0.1702 了，表明组合之后对标的物价格变化的敏感度大幅降低。实际上，从图中最上面一条盈亏平衡曲线（即交易当日的盈亏线）可见，在行权价 69000 元附近，盈亏线的变化不大，呈现出平坦化倾向。

从 Gamma 指标看，两个 Gamma 相加后为 0.0002。从风控角度看，由于 Delta 为正，Gamma 值为正是有利的。实际上，从图中最上面一条盈亏平衡曲线（即交易当日的盈亏线）可见，在行权价 69000 元附近，尽管价格变动的影响不大，但价格变动对组合是有利的。

组合策略的 Theta 为 -37.739，表明在其他要素不变的情况下，时间减少一天该组合的价值就将减少 37 元，可以说杀伤力非常大。由此也能想到，该策略不太适合在剩余时间太短的情况下使用，因为剩余时间较短，其时间价值衰退会非常快，除非短期内标的物价格能够快速变动，否则很难获利。从图中也可见，盈亏曲线随着剩余时间的减少而下沉。

组合的 Vega 数值高达 177.3619，意味着波动率上升 1%，组合价值上升 177 元；下降 1%，将减值 177 元，显然比前面的 Theta 更厉害。由此可见，尽管跨式期权多头将到期日盈利的希望寄托在标的物价格有较大的涨幅或跌幅上，但从短期的动态分析看，跨式期权多头更希望波动率快速提高。如果波动率快速提高，同时标的物价格如有较大的涨跌幅度，跨式期权多头的价值将增加的更多，即使几天内价格狂涨狂跌，最后仍旧回到原来位置，但波动率因此上涨几个百分点，组合的价值也会大幅提高，适时平仓仍能获利。

熟悉跨式突破策略之后，对跨式盘整策略的理解就非常容易了，因为将卖出跨式与买进跨式相比，无论是收益还是风险都呈现出镜像相反的特征。从图形上看，只要上下颠倒一下即可。

8. 宽跨式突破与宽跨式盘整

宽跨式（Strangle）交易策略与跨式交易策略的差别是前者的行权价不同而后者的行权价相同。“宽跨式”也被译为“异价对敲”或“勒束式组合”。同时买进看涨看跌期权但行权价不同（看涨的行权价较高）的称为宽跨式多头（Long Strangle）策略，或称为买进宽跨式组合，文华财经和博易大师称之为“宽跨式突破”；同时卖出称为宽跨式空头（Short Strangle）策略，或称为卖出宽跨式组合，文华财经和博易大师称之为“宽跨式盘整”。

案例 12

图 25 是铜期货期权宽跨式突破策略的一个演示。从图中可见，现在选取的两个期权组合分别是买进行权价 70000 元的看涨期权和行权价 68000 元的看跌期权。按成交价计，分别为 1704 元和 1140 元，意味着需要付出权利金 2844 元，考虑到合约乘数为 5 吨，总的权利金支出为 14220（2844 × 5）元。

宽跨式突破策略的到期日分析：在到期日，如果标的 2021 年 10 月铜期货价格大于 70000 元，看跌期权作废，看涨期权有行权价值，行权收益为标的物价格 - 70000，如果减去 2844 元的总权利金支出成本，总盈亏为：标的物价格 - 70000 - 2844 =（标的物价格

－72844）元，盈亏平衡点为72844元。如果标的物价格小于68000元，看涨期权作废，看跌期权有行权价值，行权收益为68000－标的物价格，如果减去2844元的总权利金支出成本，总盈亏为：（68000－2844）－标的物价格＝（65156－标的物价格）元，盈亏平衡点为65156元。如果标的物价格在68000元和70000元之间，看涨期权和看跌期权都作废，总的盈亏为－2844元。

如此可得出如下结论：标的物价格小于65156元时，该宽跨式期权多头获利，总盈利＝（65156－标的物价格）元；标的物价格在65156元和72844元之间时，该跨式期权多头亏损；标的物价格在68000元和70000之间亏损最大，最大亏损为2844元；标的物价格大于72844元时，该跨式期权多头获利，总盈利＝（标的物价格－72844）元。

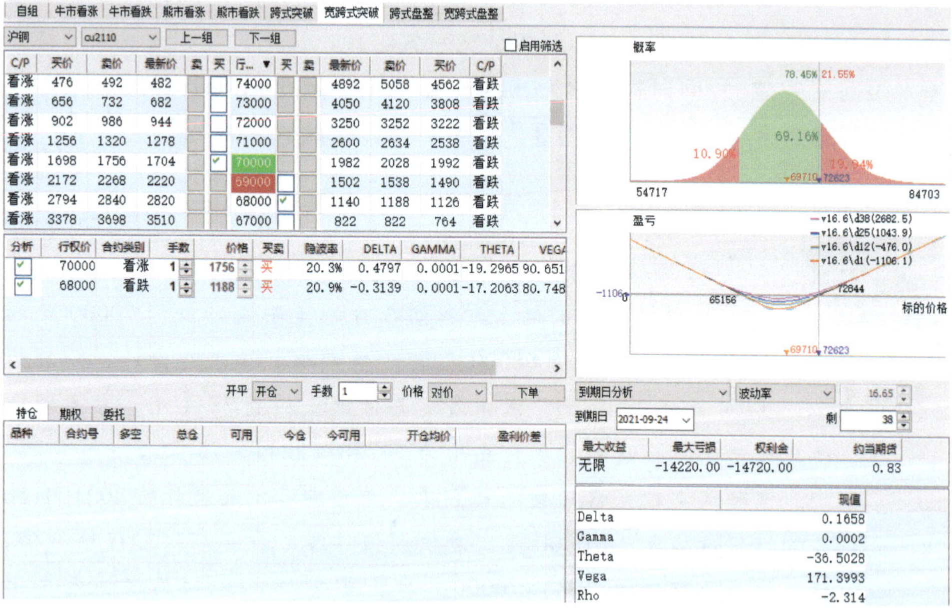

图25　铜期货期权宽跨式突破策略

从图形中可以得到直观的印象。在图 25 中可见，宽跨式突破到期日盈亏线形似平底 V 型线，该线与零线有两个交点，左边一个是盈亏平衡点 65156 元，右边一个盈亏平衡点是 72844 元。两个盈亏平衡点之间是宽跨式组合多头的亏损区，最大亏损区在 68000 元至 70000 元之间。标的物价格在左盈亏平衡点之左时，标的物价格越低，盈利就越大；同样，在右盈亏平衡点之右，标的物价格越高，盈利就越大。

平底 V 型盈亏线是到期日盈亏线，如果进行动态分析，在波动率不变的情况下，盈亏曲线会上移，这时候两个盈亏平衡点会接近一些，意味着亏损区域缩小一些。在期权未到期之时，即使标的物价格仍在 68000 元至 70000 元之间，最大亏损也会减小，这是因为期权未到期时仍旧有价值，通过平仓仍旧可以收回部分成本。

同样，熟悉宽跨式突破策略之后，对宽跨式盘整策略的理解也非常容易，两者之间在收益、风险上正好相反。只要将图形中的盈亏平衡线上下颠倒一下即可。

宽跨式期权与跨式期权非常相似，从前面的两个例子看，跨式突破买进的两个期权的行权价都是 69000 元，相对于标的期货 69710 元的价格而言，看涨期权为实值期权，看跌期权为虚值期权。由于都比较接近平值期权，因此其权利金较高，达到 3722 元。而宽跨式突破买进的两个期权，看涨期权的行权价为 70000 元，看跌期权的行权价为 68000 元，相对于标的期货 69710 元的价格而言，两个期权都是虚值期权，因此权利金较低为 2844 元。从最大损失看，显然宽跨式突破相对较小。然而，这一优势并非没有代价。

从图形比较上可见，与跨式突破相比，宽跨式突破的到期盈亏线由 V 字型变成了平底 V 型，选取的看涨期权和看跌期权的虚值程度越深，权利金越小，但平底就越长，由于平底对应着最大亏损，平底越长意味着发生最大亏损的可能性越大。另外，两个盈亏平衡点之间对应的是亏损区，前面跨式突破的例子中，亏损区是 65278 元至 72722 元，而宽跨式突破的例子中，亏损区是 65156 至 72844 元，后者明显更宽。显然，宽跨式突破取得的低成本优势，是以更大的亏损区域为代价的。

9. 蝶式价差策略及策略的变形

蝶式价差的构建方式为：针对同一垂直系列的期权，选择 3 个间距相等的行权价，买进（卖出）2 张中行权价合约，各卖出（买进）1 张低行权价和 1 张高行权价合约。由于该组合的到期盈亏曲线类似一只张开两翅的蝴蝶（butterfly），因此被称为蝶式价差。

蝶式价差同样有 4 种类型：针对看涨期权卖出两头各一手买进 2 手中间行权价的称为“看涨期权突破”；买卖方向相反的称为“看涨期权盘整”；针对看跌期权卖出两头各一手买进 2 手中间行权价的称为“看跌期权突破”；买卖方向相反的称为“看跌期权盘整”。

分析时可以借助文华财经“组合策略”中的“自组”页面进行。

案例 13

图 26 为白糖期货期权蝶式看涨期权盘整策略分析示意图。

从图中可见，现在选择的是分别买进行权价 5900 元及 5500 元的看涨期权，同时卖出 2 手行权价 5700 元的看涨期权。按成交价计：买进行权价 5900 元及 5500 元的看涨期权，须付出权利金 $65+265.5=330.5$ 元，卖出 2 手行权价 5700 元的看涨期权可以收到权利金 $137.0\times 2=274$ 元，两相抵扣后还需净支付权利金 $330.5-274=56.5$ 元，考虑到白糖期货的合约乘数为 10 吨，总的净支付权利金 $=565$ 元。注意，图中的权利金 1625 元是按照盘中对手价计算的。

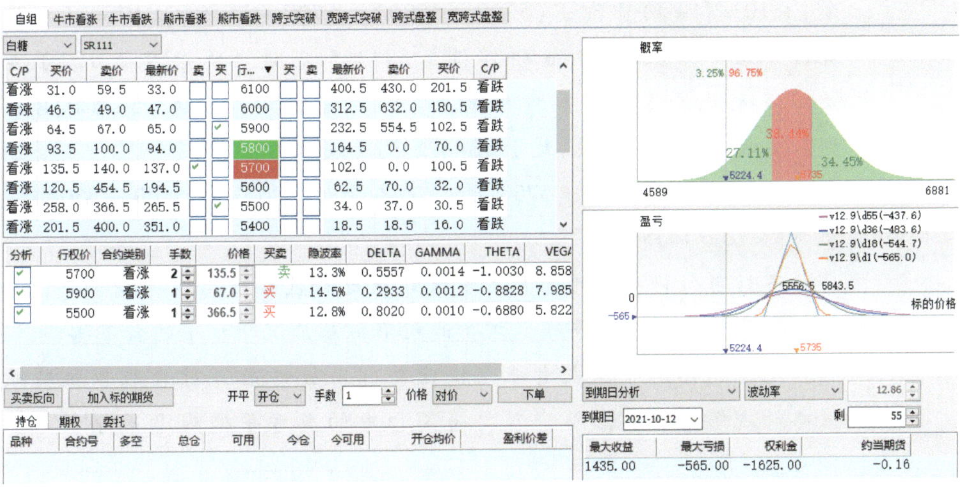

图 26　白糖期货期权蝶式看涨期权盘整策略

先看静态分析：

在到期日，如果白糖期货价大于 5900 元，4 个期权都可行权，行权结果 =（期货价 − 5900）+（期货价 − 5500）−（期货价 − 5700）× 2 = 0，总盈亏 =（0 − 56.5）× 10 元 = −565 元。

如果白糖期货价小于 5500 元，4 个期权都作废，总盈亏也等于 −565 元。

如果白糖期货价在 5500 元和 5700 元之间，只有行权价 5500 元的期权可以行权，总盈亏 = [（期货价 − 5500）+ 净权利金] × 10 =（期货价 − 5500 − 56.5）× 10 =（期货价 − 5556.5）× 10，当期货价 = 5556.5 元时，总盈亏 = 0，于是 5556.5 元就是盈亏平衡点。当期货价大于 5556.5 元时有盈利，且越大盈利越大，小于 5556.5 元时发生亏损。

如果白糖期货价在 5700 元和 5900 元之间，5900 元的看涨期权作废，总盈亏 = [（期货价 − 5500）− 2 ×（期货价 − 5700）+ 净权利金］×10＝［－期货价＋（5700－5500）＋5700－56.5］×10＝（－期货价＋5843.5）×10，当期货价＝5843.5元时，总盈亏＝0，于是5843.5元就是另一个盈亏平衡点。当期货价小于5843.5元时有盈利，且越小盈利越大，大于5843.5元时发生亏损。

如果白糖期货价＝5700元，可得最大收益＝［（5700－5500）－56.5］×10＝1435元。

不妨自行将上面的计算结果与到期日的盈亏平衡线对照一下，如果将收益零线视作水平线，该折线就形似基座沉于水下的金字塔线。

同样，熟悉了蝶式看涨期权盘整制定策略后，对看涨期权突破策略的理解也非常容易，只要将图形中的盈亏平衡线上下颠倒一下即可。

“突破”与“盘整”，在跨式策略和宽跨式策略中都用过，现在在蝶式策略中又遇见了。其共同特点是什么，只要看看盈亏平衡线就能明白。突破策略是指行情大幅度变化即出现突破行情后可以赚钱的策略，而盘整策略是指行情没有出现大幅变动即盘整行情时可以赚钱的策略。

跨式和宽跨式都是由两个期权构建而成，每个策略都可以形成4种子策略。涉及4个期权的蝶式，在构建上受到特定的限制，也只能产生4种子策略。不难想到，如果放开限制，4个期权随意组合，肯定能产生更多的策略。

比如，蝶式策略规定组合涉及的行权价必须间距相等，如果放弃这一限制，是不是一下就会衍生出很多不同的子策略，且这些子策略的到期盈亏线不再是原来中规中矩的正经蝴蝶了，不妨称之为蝶式“修正式”策略吧。

又如，蝶式策略规定高低行权价各买（卖）1个，中间行权价卖（买）2个。如果改为4个等距的行权价，高低行权价各买（卖）1个，中间两个行权价各卖（买）1个，是不是又可衍生出不同的子策略。如果看这些策略的到期盈亏线，你会发现，蝴蝶的尖头被砍掉了，变成一个小平头，整体看上去更像一只飞翔的老鹰，因此该策略被大家称为“飞鹰式”或“秃鹰式”策略。

由此还能想到，即使是只涉及两个行权价的跨式策略，如果允许数量不相等是不是又会引起变化了，比如，跨式突破策略的原意是同行权价的看涨期权和看跌期权各买 1 手，但当你认为标的物价格上涨的可能性更大些，完全可以多买 1 张看涨期权，该策略可以称之为“偏涨跨式”或带式（Strap）期权策略，也有硬译成“捆绑式”策略的。

又如，牛市看涨策略本来是买进 1 个看涨期权，卖出 1 个行权价较高的看涨期权，如果你卖出 2 个行权价较高的看涨期权，自然成为一个新的组合，此组合称之为“看涨期权正向比率”策略。

再大胆些！如果买进 1 个看涨期权，卖出 1 个行权价较高的看涨期权，再卖出 1 个更高行权价的看涨期权，这又是什么东西？有人称其为“牛市看涨梯式”策略。

10. 跨期交易策略

前面介绍的组合策略，共同特点是组合中不论涉及多少期权，到期时间都是相同的。如果在期权组合中一买一卖的两个期权的到期时间不一样，那就是所谓的“跨期交易策略”。“跨期交易策略”也被称为“日历价差（Calendar Spreads）”，或称作“水平价差”，之所以称为“水平价差”，是因为在一种简要的期权矩阵行情表中，这些期权都处于同一水平位置。

在日历价差中，买卖的两个期权都是看涨期权的称为“看涨日历价差”。通常将“卖出近期看涨期权同时买进远期看涨期权”称为“买进日历价差”，博易大师称为“先盘再涨”；将“买进近期看涨期权，卖出远期看涨期权”称为“卖出日历价差”，博易大师称为“先涨再盘”。买卖的两个期权都是看跌期权的称为“看跌日历价差”。同样将“卖出近期看跌期权，买进远期看跌期权”称为“买进日历价差”，博易大师称之为“先盘再跌”；将“买进近期看跌期权，卖出远期看跌期权”称为“卖出日历价差”，博易大师称之为“先跌再盘”。

案例14

图27为博易大师提供的沪深300期权“先盘再涨”策略，图中选择的第12号组合为“卖出IO2109－C－4800，买进IO2110－C－4800”。卖出IO2109－C－4800可以收到权利金，以图中的成交价计为71点，买进IO2110－C－4800要付出权利金，以成交价计为98.2点，两相抵消后还需净支付27.2点，考虑到乘数为100元，总的净支付为2720元。卖出近月买进远月策略的净权利金为负数，很正常，这是因为近月合约的时间短，正常情况下其权利金较低，远月合约的时间长，正常情况下其权利金较高。买进远月合约支付的权利金较多，卖出近期合约收到的权利金较少，净权利金自然应该是负数。

值得注意的是：日历价差的到期盈亏图与前面介绍的所有策略的到期盈亏图都不同，以前介绍的策略，不管组合中有多少期权，由于到期日相同，在到期时都不存在时间价值了，水落石出后每一个期权还剩多少价值都是确定的，因此可以说到期日的盈亏线分析是精准的。但在日历价差策略的到期日分析中，由于两个期权的“到期日”并不相同，比如，IO2109－C－4800的到期日为9月17日，还有28天到期，而IO2110的到期日为10月15日，还有56天到期。由于近月合约到期后就摘牌了，因此只能以近期月份合约的到期日作为期权组合的到期日。问题是近期月份合约到期时，远期合约并没有真正到期，仍有时间价值，期权价格究竟为多少仍旧是不可知的。分析中采用的变通方法是按近期合约的到期日计算其理论价格，以理论价格代替实际价格进行盈亏分析。但是，按理论价格计算存在两个问题。其一，得到盈亏线一定是曲线而不是折线，将这条曲线与近期合约的折线叠加后，得到的组合盈亏线仍然是曲线（见图 27 下部）。其二，理论价的高低与输入的波动率高低有关，尽管你可以按照现在的期权价格获得一个实时的隐含波动率，并以这个隐含波动率进行计算，但本质上还是一种估算。由此我们必须明白，如此计算出来的到期日的盈亏线、盈亏平衡点、盈亏区域、最大收益及最大亏损等（见图 27 右下端）都不一定可靠，只能作为参考。

我们知道，因时减值是期权的基本特性，然而还应该知道，时间价值衰退的程度在不同的时间段内是不同的。对平值期权而言，剩余时间较长的情况下，时间衰退的力度相对较小，但如果剩余时间不长，则衰退的力度会加大。对此不妨看看 Theta 指标，比如，当日 IO2109 - C - 4800 的 Theta = - 1.7555，而 IO2110 - C - 4800 的 Theta = - 1.3065。不难理解，买进日历价差策略是在刻意利用时间价值损耗的差异性。

如果标的指数变动较小，卖出近期合约由于时间价值损失较快，买进平仓可以有较多获利；尽管买进的远期合约的时间价值也在减少，但减少的幅度相对小一些，因此平仓时的损失也较小。如果在到期日标的指数从原先的 4745.226 点上涨到行权价 4800 点处，近期合约时间价值归零，而远期合约成为货真价实的平值期权，时间价值最高，因此可以获得最大盈利。

还记得前面关于期权内在价值与时间价值的讨论吗，“时间价值最高处基本上位于平值期权附近，虚值（实值）程度越深，时间价值越低”。记住这个原理就明白：如果标的指数变动幅度较大，买进日历价差基本是亏损的，且变动幅度越大亏损也越大。因为标的指

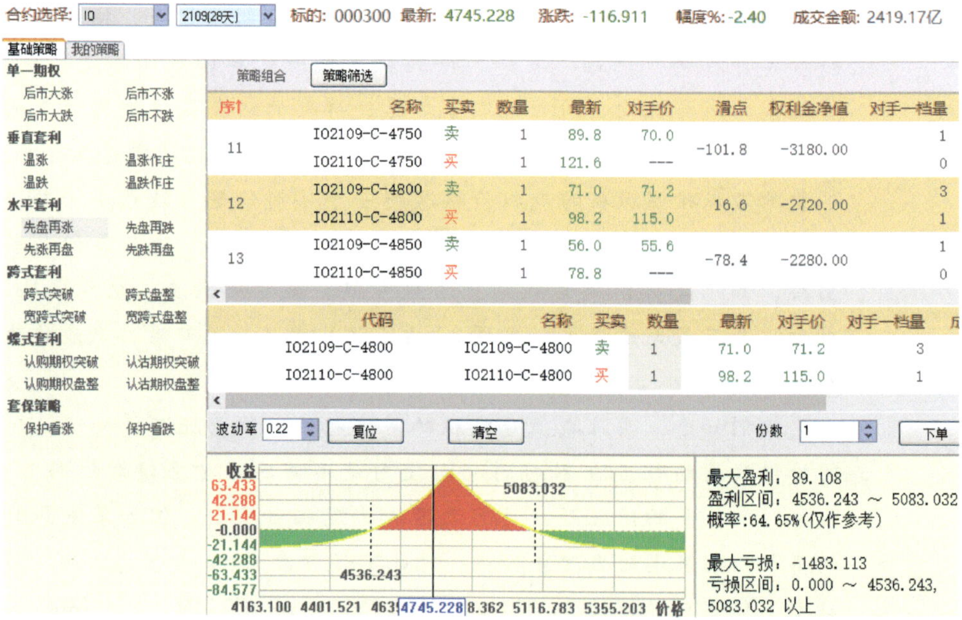

图 27 沪深 300 期权“买进日历价差（先盘再涨）”策略

数大幅变动后偏离原先的行权价太多，买卖的期权变成深度虚值或深度实值期权了，远期合约的时间价值也大幅降低了。

由此可以大致了解日历价差多头的一些获利条件：

从到期结果看，当标的指数偏离原价位不大时可以获利。

从过程看，如果建仓后远期合约的隐含波动率增加（意味着期权价格减值不大甚至还可能升值），近期合约隐含波动率下降（意味着期权价格减值更快），日历价差多头就可从中得利。显然，如果在建仓时出现远期合约的隐含波动率被低估，近期合约的波动率被高估的现象，对建仓者而言是最有利的，因为这增加了在过程中获利的可能性。一旦建仓后两者的波动率发生反向变动，不用等到期权到期日即可获益平仓。

上面的日历价差案例是针对平值期权或准平值期权而言的，虚值或实值期权的情况会有所变化，选用看涨期权和看跌期权之间也会有些不同。

卖出日历价差正好与“买进日历价差”相反，意指“买近卖远”。从到期日看，当近月合约到期时标的物价格发生较大的价格偏移时可以获利。从动态过程看，当远期隐含波动率偏高、预期有所下降，且近期隐含波动率较低，有可能增加，或者相对的隐含波动率差值明显缩小，就可能获利。

天使？魔鬼？期权风险面面观

作为衍生品工具，期权与期货一样，既是风险厌恶者对风险进行管控的极佳工具，也是将一些盲目好赌的投机者推入深渊的魔杖。这真是：故老争相说期权，细勘却系双刃剑，漫言天使或魔鬼，转瞬都在一念间。

1. 保险功能，举世无双

期权的保险作用是期权最基本也是最直观的功能，期权市场实际上就是保险市场。

对避险需求者来说，买进期权，等于是买了份价格保险，所付的期权费等于是保险费。

比如，担心标的物价格上涨而踏空的交易者可以买进该标的物的看涨期权，还是回看前面的案例 4，现在股价为 25 元，还有 9 个月到期的平值看涨期权价格为 2 元，当你支付 2 元保险费后获得了该期权。在期权到期日，如果股票上涨至 35 元，以 25 元的价格行权买进股票然后以 35 元的价格卖出，扣除 2 元的权利金成本仍可以净得 8 元的净收益，与当初直接买进股票的方案相比，少得的 2 元就是付出的保险费。如果股价下跌至 15 元，买进股票的方案会损失

10 元，但买进看涨期权者至多损失 2 元，如果还是看好该股票，可以 15 元的价格买进，相对于当初是以 17 元的价格买进的。两者的比较见图 28。

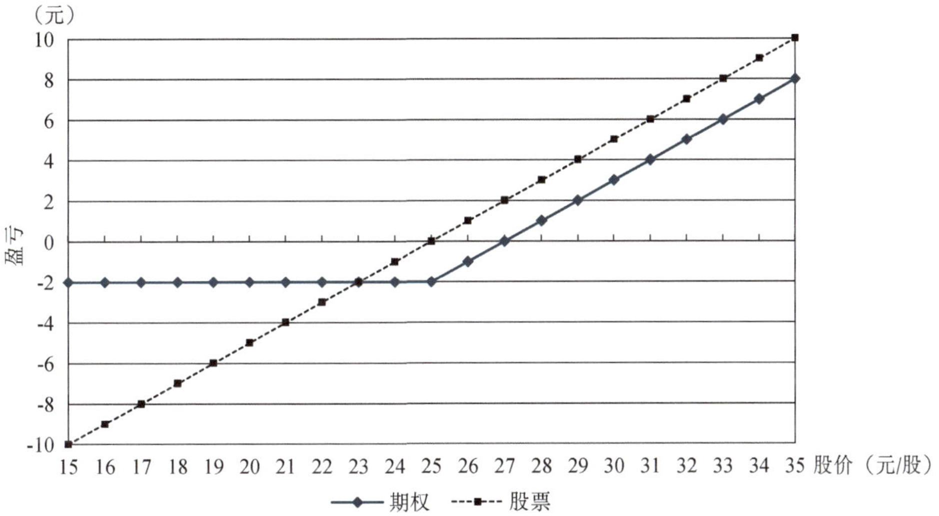

图 28　买进看涨期权与直接买进标的物的比较

2 元钱的权利金似乎有些昂贵，如果到期时股票价格变动不大，2 元钱的损失的确也是蛮可惜的，按比例算，那可是 25 元的 8%。降低成本的一个办法是买进虚值期权，因为虚值期权的权利金较低。比如，行权价 28 元的看涨期权的权利金只要 0.85 元，尽管行权价 28 元的虚值期权在股价上涨时卖方赔偿的价格计算基准提高了，买方得到的赔偿少了，但好处是权利金便宜。另外，必须意识到，同样大小的风险损失，在保险需要者和投机者眼中是不一样的，保险需要者最担心的是价格朝不利方向大幅变动，付出一定比例的保险费代价以抵消价格的不利变化可以说合乎其愿。

同样，沿用上例数据，对于担心股价下跌而遭受损失的持股者而言，可以买进看跌期权进行保险。假定行权价 25 元的看跌期权价也是 2 元，如果股票下跌至 15 元，意味着损失 10 元，但买进看跌期权扣除 2 元的保险费后可以得到 8 元的净补偿。如果股价上涨至 35 元，损失 2 元钱的保险费，但原先持有的股票可以获利 10 元。同样，如果嫌 2 元钱的权利金太贵，可以选择行权价较低的虚值期权。

在本系列丛书中，我们在专题介绍期货交易的套期保值功能时特地指出：用期货对冲现货的风险，当价格变动方向与原先的预期一致时通常都是顺风顺水，可以充分显示出当初的英明决策。最大的难题是当价格朝着相反方向大幅变动时，即期货大幅亏损时怎么处理。尽管套期保值交易也有止损的作用，但落实的难度可以说不比投机者小。你知道吗，如果以买进期权作为替代，这种困境将不复存在，因为买进期权是天然具有内嵌止损功能的。对上例而言，支付 2 元钱的权利金买进行权价 25 元的看涨期权，最大损失为 2 元权利金，实质上等于买进 25 元的股票的同时内嵌一个在 23 元强制止损的指令，这一内嵌止损指令不仅具有强制性而且具有可靠性，无论出现什么意外风险，都可以确保损失不会扩大化。

对期权的保险功能，还要知道“最大损失限于权利金”的含义，那是指静态分析，即“期权到期时”的状态，交易者如果在期权到期前进行平仓，即使情况不利于自己，多少可以收回一些权利金。比如，对上例而言，假定 1 个月后，即期权剩余 8 个月时，股价已掉至 23 元，假定波动率不变，行权价 25 元的看涨期权价格约等于 0.9 元。你完全可以按照最新情况对该股票重新评估并选择合适的对策。比如，你可以平仓并买进股票，这样在期权上亏损了 1.1 元，但在股票上比当初还节省了 2 元，如此算起来并不亏，因为在过去的 2 个月期间你得到了保险，而且还降低了购买该股票的成本。当然你也可以决定继续持有该期权。

买进期权用作保险还有一个优势，那就是充分利用资金的杠杆作用。花 2 元买进看涨期权，相对于股票金额 25 元的 8%，等于免费融资 92% 的资金。

从投机角度看，12.5 的杠杆比例是非常具有吸引力的，因为它大大提高了投机效率。比如，买进期权 1 个月后，股价上涨了 2 元至 27 元，波动率不变的情况下期权理论价将达到 3.2 元，平仓收益 1.2 元，按收益率计算高达

60%，如果当初买进股票，收益率只有8%。但是，别忘了杠杆的双刃剑作用，比如，1个月后股价下跌至23元，期权价下跌至0.9元，亏损1.1元，相对于2元的权利金而言，损失率达到55%。如果你眼中只看到杠杆带来高收益率的一面而不顾另一面，那就危险了。比如，某交易者总共拥有资金5万元，看好该股，可以买进2000股，如果以买进看涨期权来代替，需要支付2×2000=4000元权利金，但一想到杠杆的高收益作用，热血沸腾地决定买进25000股期权，将高杠杆作用发挥到极致，结果期权价跌了1.1元，5万元本金一下亏掉了2.75万元。

知道过度投机和投保（投资保险）的区别吗？买进2000股期权就是投保，买进25000股看涨期权就是过度投机。

2. 卖出期权的风险被夸大了

卖出看涨（看跌）期权的盈亏与买进看涨（看跌）期权正好相反。图29是卖出股票看涨期权与融券卖出股票比较，与图28正好相反。从图形上一眼就能看出，卖出看涨期权到期时最理想的情况是股价没涨，但即使如此也是至多赚了2元钱，一旦股价大幅上涨，那就亏大了。由于理论上股价上涨没有上限，股价涨幅越大，亏损就越大，因此被称为“风险无限”。

同样，卖出看跌期权最理想的情况是股价没跌，同样是至多赚到全部权利金。一旦股价大幅下跌就亏大了。但由于股价至多下跌为零，不能称为“风险无限”，但称为“风险巨大”还是可以的。

由于“卖出期权有巨大风险”颇符合人们的直观感觉。而且从大量风险案例看，很多来自期权空头。比如，本系列丛书《期货的套保和套利》中介绍的航油巨亏事件、本书最后面介绍的“PTA场外期权爆仓”事件及“那个写书教你交易期权的人爆仓了”都是因为大量卖出期权。当“卖出期权”被贴上“风险巨大”标签后，各种权威说法也开始流行了，比如，很多咨询人员在推介期权时“建议初学者只做期权的买方”。证券交易所对期权投资者实施分级管理制度，级别不够不许卖出期权。

与买进期权相比，卖出期权的潜在风险的确大很多。但如果与其他一些类似的高风险工具如远期、期货等相比，风险并非更大！任何投资都有风险，风险大小只有在比较后才能得出结论，没有比较的结论是毫无意义的。

以图 29 为例，卖出看涨期权的风险在于股价不跌反涨，如果到期时股价是上涨的，卖出看涨期权的亏损额 = 股价 - 行权价 - 权利金 = 股价 - 25 - 2。股价上涨 2 元，卖出看涨期权的盈亏为 0，而融券卖出股票或卖出股票期货亏损 2 元。如果股价大幅上涨 20 元至 45 元，卖出看涨期权亏损 18 元，而融券卖出股票或卖出股票期货亏损 20 元。你会发现，融券卖出股票或卖出股票期货的损失总比卖出看涨期权大 2 元。两种交易工具相比，哪种风险（损失）更大可以说不言自明。不难想到，前面提到的 3 个风险案例，如果当初他们不是卖出期权而是卖出期货，不仅不能改变巨亏或爆仓的结局，而且损失将更大。

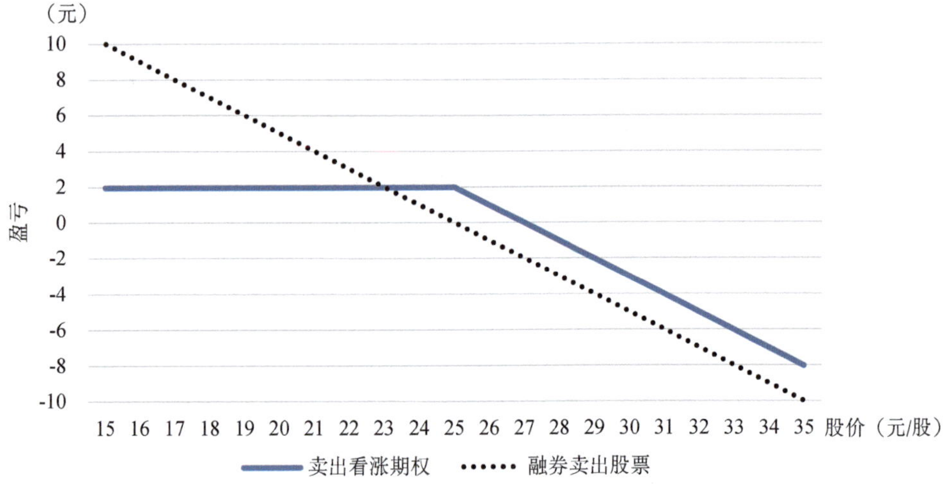

图 29　卖出股票看涨期权与融券卖出股票比较

从风险收益角度比较买进期权和卖出期权，似乎买进期权更有诱惑性。比如，前者损失有限，后者是盈利有限；前者是盈利潜力巨大，后者是有可能导致巨亏；前者因投入金额小，杠杆倍数非常高，一旦获得较大的利润，利润率可以高达 10 倍甚至 50 倍，而卖出期权由于需要缴纳保证金再加上获利有限，杠杆率自然高不到哪里去，从而不会产生惊人的奇迹。尽管看上去买进期权更有诱惑性，但必须指出：从总体或从平均角度看，卖出期权比买进期权更有优势。原因何在？

道理很简单，只要想一想：是彩民的总体收益大还是发行彩票的收益大？或者将保民的总体补偿收益与保险公司的收益相比，可以说结论不证自明。

从图 29 的例子可见，股价 25 元时的看涨期权权利金 2 元，看涨期权的买方和卖方在到期时的盈亏平衡点都是 27 元而不是 25 元。

目前股价 25 元，期权到期时股价为多少？谁也不知道。按平均概率推算，到期股价大于 25 元或小于 25 元的概率各占 50%。如果进一步推算到期股价大于小于 27 元的概率，可以肯定大于 27 元的概率比较小。假定大于 27 元的概率为 35%，则小于 27 元的概率则为 65%。这意味着买进看涨期权的获胜概率只有 35%，而卖出看涨期权的获胜概率为 65%。

不妨进一步看行权价 100 元的虚值看涨期权，可能权利金只要 0.05 元，真是太便宜了！但别忘了盈亏平衡点变为 100.05 元，你认为到期股价大于 100.05 元的概率有多少？其道理与买彩票是类似的，2 元钱买 1 注彩票，指望获奖 2000 万元，尽管可能的获利倍数是那么地诱人，但谁都明白，这概率实在太低了！

入门者一定要明白：买进期权看上去风险有限、收益巨大，有时候也的确会得到极高的收益率，但由于平均获胜率低，总体上并不具备优势。卖出期权的收益率看上去不高，但由于获胜概率高，总体上仍旧占有优势。不分场合只愿充当期权买方的“权民”与一个忠实的“彩民”没多大差别。

有关统计资料表明，机构通常是期权的净卖出方，散户为期权的净买进方。机构有时也会买进期权，但绝不会是持久的期权净买进者。投机性买进期权主要是用于预判将出现大行情时。

当然，卖出期权平均胜率较高的结论并不能否定卖出期权潜在的高风险性质，尽管标的物出现大行情的概率较小，但毕竟还是存在的。一旦发生，如不及时止损死扛甚至逆向加码，很可能出现承受不了的结局，前面提到的3个案例都是在风控环节上出的问题。风控不到位，无论是卖出期权还是卖出期货都会出事，期货的结局会更惨；风控到位，期权和期货都是可用工具。

3. 巴菲特为什么喜欢卖出看跌期权

巴菲特在人们心中往往是一位保守的价值投资者，长期钟情于大盘蓝筹股票，并曾公开将金融衍生品称为大规模金融杀伤性武器，但事实上，他自己却是看跌期权的铁杆玩家，多次利用卖出看跌期权的方式以优质的价格成功完成资产配置。

可口可乐是沃伦·巴菲特持有最多的一只股票。巴菲特曾不止一次在公开场合表示，他将永久持有可口可乐股票。1992年年初，可口可乐公司的股价结束了约5年的快速上涨，进入调整阶段。虽然巴菲特在1988年买入可口可乐股票后已经获得了约300%的回报，但他仍然坚定地看好这家公司的发展。

1993年4月，可口可乐公司的股票价格约为40美元，巴菲特以每股1.5美元的价格卖出了行权价为35美元的看跌期权300万股，期权到期日为1993年12月17日。此后他觉得还不够，又加卖了200万股看跌期权合约。由于股价没有下跌，通过卖出看跌期权，巴菲特一共赚到了750万美元。

如果在到期日，可口可乐价格低于35美元，巴菲特必须以35美元的价格买进500万股可口可乐股票。但对此巴菲特不担心，因为本来就想不断增持，如果被行权买进股票，扣除权利金后实际成本是33.5美元，在他看来，这也是一个非常合理的价格。

2009年11月，巴菲特宣布以440亿美元收购美国第一大铁路公司柏林顿北方圣塔菲铁路公司在纽约证券交易所的剩余股票，在此之前，巴菲特已经花了3年时间逐步增持该公司股票而成为该公司的最大股东。现在，收购价为每股100美元，而前一交易日该股票的收盘价为76.07美元（见图30）。

2010 年 2 月 12 日收购交易完成，股票从纽约证券交易所退市。

在前期增持该公司股票之时，正值金融危机，股价波动很大，巴菲特除了通过市场公开交易不断买进外，同时使用卖出看跌期权方式间接买进，如果股价没有跌破行权价，则白得一大笔权利金，如果跌破行权价被行权，等于是可以打了一个折扣买进股票。据 SEC 的文件记录，巴菲特的伯克希尔哈撒韦公司卖出的期权被执行情况如下：

2008 年 10 月 28 日，以 79.65 美元行权买进 82.5 万股；12 月 8 日以 80 美元行权买进 130.9524 万股；12 月 9 日，以 77 美元行权买进 76.1111 万股；同日又以 80 美元行权买进 119.0476 万股；11 月 8 日，以 75 美元行权买进 121.75 万股；同日又以 76 美元行权买进 100 万股。全部合计为 630.36111 万股。

图 30　柏林顿北方圣塔菲铁路公司股价走势（新浪财经）

期权

柏林顿北方圣塔菲铁路公司被控股后成为伯克希尔哈撒韦公司的利润“奶牛”，也成为巴菲特价值投资的一个成功案例。卖出看跌期权策略在巴菲特手中变成了资产配置工具。

巴菲特除了参与场内期权交易外，还很热衷于在场外期权交易中卖出看跌期权。由于巴菲特卖出的看跌期权大多为期限很长的欧式期权，不仅可以先拿权利金，且不用缴纳保证金。对巴菲特而言，这些权利金是一笔可以白白占用无须支付利息的资金。在2010年度的巴菲特致股东信中，巴菲特就这样描述过2008年出售的大量与指数挂钩的看跌期权：“在2010年下半年，我们解除了8个原定于2021至2028年间到期的合约，因此支付了4.25亿美元，而原来因这些合约收取的费用是6.47亿美元。这意味着我们获得了2.22亿美元净盈利，同时在三年内无息、无限制地使用了6.47亿美元资金。截至去年年底，我们还有39个看跌期权，这些合约我们总共收费42亿美元……确定的是，在超过10年之间，我们将可以免息使用收取的42亿美元资金。”

卖出看跌期权与卖出看涨期权一样，通常被认为风险极大的策略，事实上也的确有不少交易者在上面吃了大亏的。为什么巴菲特却玩得风生水起，关键的原因是巴菲特把期权当作投资服务的辅助工具而非投机工具，他已经把卖出看跌期权内化为他的价值投资策略的组成部分。

比如，在可口可乐的案例中，他坚信该股是好股票，正因为有信心，所以短期的下跌非但动摇不了他继续持股的决心，而且还想趁着价格低时多买一些。如果没有期权，由于担心买不到只能赶紧以现价买进更多的股票。卖出看跌期权，明着看是替对手进行担保，担保股价不会跌破行权价，如果错了则接受按行权价从对手那里买进股票的惩罚，但实际是正合我意，因为卖出的虚值看跌期权的行权价本来就对股价打了个折扣，再加上权利金的收入，可以使得实际购入成本降得更多，价格越低，安全边际无疑更高。如果股价没有跌至行权价之下，意味着低价买进的目标没有实现，但失望之余，白赚一笔权利金的事实足以自慰。

你看，本来卖出看跌期权是替人进行担保，但现在却被转换成“不让我低价买股票就得赔我一笔钱”，变成了对方在为自己做担保，真是一出“欲擒故纵”的好戏！

“股票价格跌兮，可以让我廉买；股票价格不跌兮，可以获得补偿”，这就是巴菲特的“卖出看跌期权”之歌。

不要以为巴菲特的成功就是因为卖出看跌期权，期权只是一把双刃剑，成功与否取决于你怎么舞这把剑，如果你不具备巴菲特的投资理念就去狂卖看跌期权，小心被双刃剑的另一面伤害。

4. 备兑看涨和备兑看跌

卖出看涨期权最大的风险是标的物大涨，当标的物价格超出盈亏平衡点后，上涨多大亏损就有多大。然而，对那些同时持有标的物多头的交易者而言，由于标的物上涨时正好可以抵消，因此标的物价格大幅上涨的风险就不存在了。

通常将这种受到对应资产保护的看涨期权空头称为“卖出有保护的看涨期权（Covered Call Option Writing）”，也有称之为“备兑看涨期权”的，含义为已经准备好了标的物，一旦对方要求行权，立即可以兑付标的物。相反的情形是卖出看跌期权后如果同时有一个标的物空头，那就称为“卖出有保护的看跌期权（Covered Put Option Writing）”，也可称之为“备兑看跌期权”。

由于“备兑期权”中的空头期权已经受到保护，因此，通常交易所都会规定，备兑期权中的期权保证金除了权利金部分外都可以免收。不妨回看一下前面表 8 中的“卖出期权期货组合”策略，其中“卖出看涨期权，同时买入对应期货合约”就是“备兑看涨期权”，而“卖出看跌期权，同时卖出对应期货合约”就是“备兑看跌期权”。保证金收取方法都是“期货保证金 + 期权权利金”。

期权

案例15

假定有一交易者认为某股票质地不错而买进，希望该股出现较大的涨幅或跌幅，因为涨了可以获利，跌了可以加码买进，可以在将来得到更多收益。但问题是该股总在25元上下2元的幅度内盘来盘去，时间一长，渐渐出现“食无味弃不甘”的感觉，怎么办？这时候，他想到这股票放着也是放着，还不如通过卖出看涨期权赚些权利金来降低持有成本。于是就在股价26元时卖出了4个月期的平值看涨期权，收到1.35元的权利金。如果股价涨上去被行权，就用手中的股票去兑付，实际卖价就是27.35元。孰知一个月后，股价又回到24元了，卖出的看涨期权价格也回落到0.33元，于是随即平仓赚到了1元。就在他等着股价再跌可以买进时这股价居然又回到26元了，于是又卖出了看涨期权。就这样几个回合后，一年下来居然将持有成本降低了4元，算起来收益率竟然也达到了16%。由于尝到了甜头，原先厌恶地盘整行情在他眼中也变得有点可爱了。想想手中拿着股票，时不时的靠着这些股票赚些权利金，就像自己拥有一个房产，即使房子价格没有上涨，但出租后每月都可以收些租金，小日子过得也蛮舒坦。

必须提醒各位注意，备兑看涨期权的好处是可以增强持股收益或降低持股成本。但是，这一优势是有条件的，那就是股价变动幅度不大。一旦股价暴涨暴跌，备兑看涨期权的弱势就会显露无遗。股价大幅上涨时被行权，尽管赚到了权利金，但与踏空的幅度比可能是微不足道的，不过这种情况还是可以接受的，因为不仅没亏损，还比你原来直接卖出股票要好。最大的风险在于股价暴跌时，尽管你也赚到了权利金，但远不足以补偿股价的跌幅。

尽管备兑期权有上述缺陷，但并不妨碍机构和做市商将其作为热门的常用策略，机构和做市商热衷于这一策略，难道他们就不怕标的物暴涨暴跌吗？这就涉及策略的评价问题。

策略的优劣评价应该看长期绩效而不是看一两次偶然的得失。卖出看涨期权的最大风险是股价暴涨，备兑看涨期权关闭了暴涨风险，将风险敞口由暴涨转为暴跌，但暴跌行情在时间占比上通常都很小，占比更大的是相对温和的行情。机构和做市商在行情温和阶段通过反复操作，尽管每次赚的似乎都是小钱，但累积效应不可小觑，因而从较长时期看，即使偶尔遇到一两次暴跌行情，该策略还是能够胜出，更何况暴跌行情还不一定会出现。前面论述过“卖出期权的平均胜率较高”这一结论同样适用于备兑看涨期权。当然，机构和做市商在运用备兑期权策略时也会对该股票的暴跌风险进行评估并设置一定的预防措施。

最后，我们对备兑看涨期权的到期盈亏结构来一个素描。不妨借前面图 28 的数据一用。假定股价为 25 元，平值看涨期权价格为 2 元，一个看涨期权空头加上一个股票多头就是备兑看涨期权组合。

看涨期权的盈亏结构：当股价小于 25 元时看涨期权作废，盈利 2 元；当股价大于 25 元时，看涨期权空头的收益 = -（股价 -25 -2）元 =27 - 股价；当股价 =27 元时收益为 0，即盈亏平衡点 =27 元；股价在 25 至 27 元之间还有盈利，大于 27 元为亏损区，股价越高亏损越大。

股票多头的盈亏结构 = 股价 -25 元。

两者相加即备兑看涨期权的盈亏结构：当股价小于 25 元时，收益 = 股价 -25 +2 = （股价 -23）元；股价 =23 元时收益为 0，即盈亏平衡点 =23 元；股价小于 23 元时为亏损区，股价越低亏损越大；股价大于 25 元时，收益 = 股价 -25 +27 - 股价 =2 元。

图 31 即为备兑看涨期权的盈亏结构。这个图是不是有点眼熟，如果想不起来就与前面图 20 的卖出看跌期权盈亏结构图对照一下。比对结果是什么？是不是有点惊奇，两者居然一模一样！

原来“看涨期权空头 + 标的物多头”就是“看跌期权空头”，或者说“备兑看涨期权”就是“看跌期权空头”，是不是有点魔幻感觉！

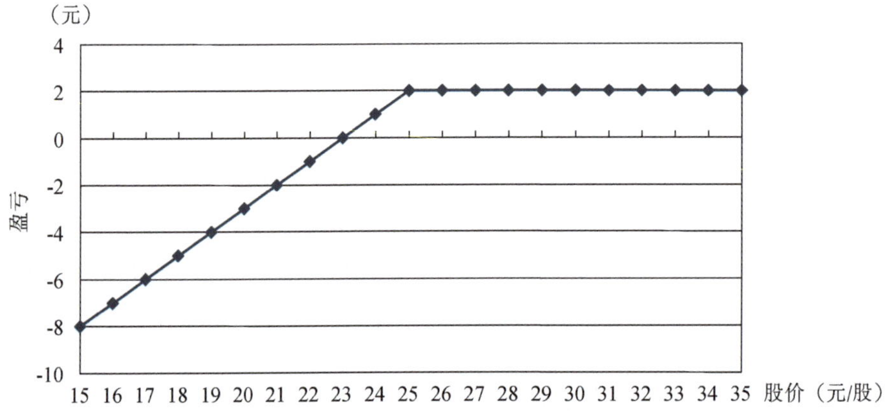

图 31　备兑看涨期权的盈亏结构

5. 套保对冲，期货行我也行！

期权与期货都可以用来对冲现货风险，但在收益结构上两者有差异，期货的收益结构始终是一条直线，而期权的收益结构是一条曲线（在到期日是一条折线）。有人据此认定：两个对冲工具各有特色，不能互相替代。且慢！此结论下得太早！不妨看一看下面的例子。

案例 16

在图 32 的文华财经“组合策略”中构建如下策略：买进行权价 4800 点的看涨期权，同时卖出同一行权价的看跌期权。看看右边的到期日盈亏结构图是什么样的。

是不是有点惊讶，这两个期权组合而成的盈亏结构居然是一条直线，与直接买进标的物或者买进标的物的期货的效果一模一样！图中右下面的分析中有一个指标叫“约当期货”，其含义是该策略组合相当于标的物期货的比例，现在比例为100.00，与标的物期货的相似度百分之一百，那不就是“类期货”吗？

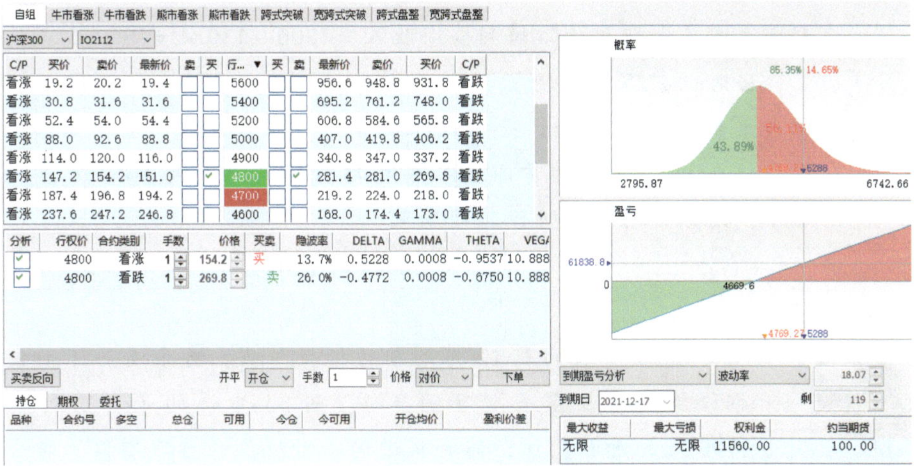

图32　沪深300期权合成沪深300指数多头（2021年8月20日）

这个例子表明了，尽管从单一期权看的确与期货各有特色，但通过期权的组合，完全可以复制出一个标的物或标的物的“类期货”，通常将这一由期权复制而成的标的物或标的物类期货称之为“合成标的物”或“合成期货”。

下面我们来看一下这个合成的类期货相当于什么价格买进的，这个价格就是合成指数的盈亏平衡点，从图上看，就是合成指数与水平轴的交叉点。

以最新成交价计算，买进看涨期权需支付权利金151点，卖出看跌期权可以收到权利金281.4点。实际上净支付了权利金－130.4（151－281.4）点，或者说净收入权利金＝281.4－151＝130.4点。

在到期时，如果标的指数为4800点，看涨期权和看跌期权都作废，盈亏为 0，但考虑到当初净收入权利金 130.4 点，合计盈利 130.4 点。如果在到期时，标的指数为 4669.6（4800 - 130.4）点，则看涨期权作废，卖出的看跌期权被行权损失 130.4 点，正好与当初的净收入权利金 130.4 点抵消。可见，盈亏平衡点 = 行权价 + 权利金净支出 = 行权价 - 权利金净收入 = 4800 - 130.4 = 4669.6 点。

当时的沪深 300 现货指数为 4769.27 点，通过期权合成的指数相当于 4669.6 点买进，是不是很便宜！为什么这么便宜？你只要看到同样在 12 月到期的沪深 300 股指期货的价格只有 4664.8 点就明白了，用期货的术语叫作远期贴水。

案例 17

图 32 合成的是 12 月到期的指数多头，再来看一下如何用期权合成指数空头（见图 33）。图 33 中选的是卖出行权价 4700 点的看涨期权，同时买进同一行权价的看跌期权。与合成指数多头相比，现在组合的买卖方向正好相反。

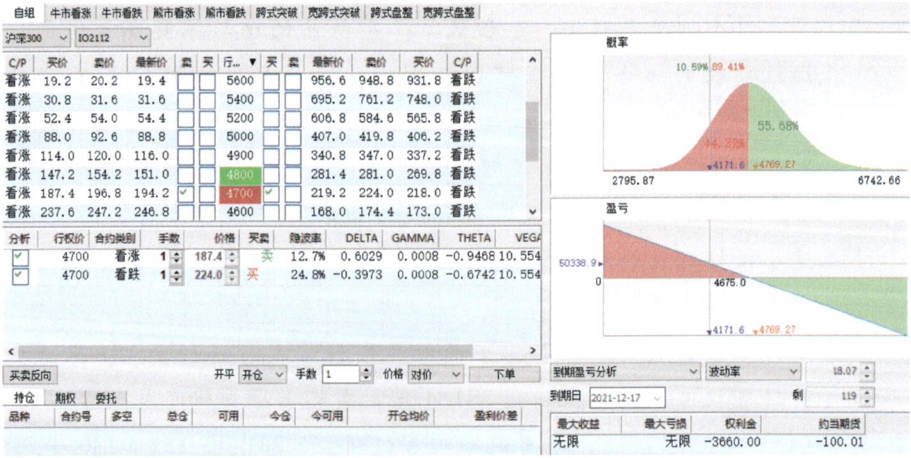

图 33 沪深 300 期权合成沪深 300 指数空头（2021 年 8 月 20 日）

从图 33 可见，现在合成的指数收益的直线方向是朝下的，这正是卖出股指或股指期货空头的特征。同样，图中右下面的“约当期货”值 = -100.00，也表明是一个期货空头。

这个合成指数的空头相当于什么价格卖出的呢？同样看盈亏平衡点。

还是以最新成交价计算，卖出看涨期权可以收到权利金 194.2 点，买进看跌期权需要付出权利金 219.2 点。权利金净支出 = 219.2 - 194.2 = 25.0 点，或者说权利金净收入 = 194.2 - 219.2 = -25.0 点。

在到期时，如果标的指数为 4700 点，看涨期权和看跌期权都作废，盈亏为 0，但考虑到当初权利金净支出 25.0 点，合计亏损 25.0 点。如果在到期时，标的指数为 4675.0（4700 - 25.0）点，则看涨期权作废，买进的看跌期权可以行权获利 25.0 点，正好与当初的净支出权利金 25.0 点抵消。可见，盈亏平衡点 = 行权价 + 权利金净收入 = 行权价 - 权利金净支出 = 4700 - 25.0 = 4675.0 点。

当时的沪深 300 现货指数为 4769.27 点，12 月到期的沪深 300 股指期货的价格为 4664.8 点，表明市场对后市比较悲观。如果你也想卖出，选择期权合成指数来代替，相当于在 4675.0 点卖出，是不是比卖出股指期货更合算些！

上面的分析可以归纳如下：

买进看涨期权 + 卖出看跌期权 = 买进标的指数　　（1）

如果以 C 代表看涨期权的权利金，P 代表看跌期权的权利金，X 代表行权价，S 代表合成期货的盈亏平衡点，C - P 即为净支出的权利金。

合成指数多头的盈亏平衡点 $S = X + C - P$。

卖出看涨期权 + 买进看跌期权 = 卖出标的指数　　（2）

同样以 C 代表看涨期权的权利金，P 代表看跌期权的权利金，X 代表行权价，S 代表合成期货的盈亏平衡点，则 P - C 即为净支出的权利金。

合成期货空头的盈亏平衡点 $S = X - (P - C) = X + C - P$。

看出了吗？盈亏平衡点的计算式完全相同。

别小看了等式 S = X + C − P，它就是欧式期权中极负盛名的“平价理论”！

6. 平价理论与无风险套利

若将关系式 S = X + C − P 变形为：

C − P = S − X

此等式称为“看跌—看涨平价”（put − call parity），如果将其写成“P − C = X − S”，则可以称作“看涨—看跌平价”（call − put parity）。

“看跌—看涨平价”的含义为：合成标的物价格与行权价之差等于看涨看跌价格之差。

现在支付金额“C − P”（买进看涨，卖出看跌），相当于在到期日支付金额 X 买进标的物；或者是现在收取金额“C − P”（卖出看涨，买进看跌），相当于在到期日卖出标的物收取金额 X。注意，其中的 C 和 P 都是指现在的价格，而买卖标的物是在到期日，两者的时间概念不一样。如果考虑资金的时间价值，就得将到期日收取或支出的价格 X 折算至现在，假定 r 为年利率，T 为到期日，t 为现在日，将 X 折算至现在就是 $Xe^{-r(T-t)}$，于是平价公式应该为：

$$C - P = S - Xe^{-r(T-t)}$$

两个等式都是平价公式，区别是前者没有考虑资金的时间价值，而后者考虑了资金的时间价值。在运用中，由于时间价值并不大，再加上可以将资金成本算到交易成本中去，因此可以直接使用前一个更简洁的计算公式。

平价公式将看涨期权 C、看跌期权 P、行权价 X 和合成标的物 S 联系在一起形成平衡关系。知道其中三个，另外一个就可以轻松算出。比如，知道看涨期权 C、看跌期权 P、行权价 X，就可计算出合成标的物价格为多少。

假定现在实际的标的物价格为 S^*，S^* 与合成的 S 未必相等，当 S 与 S^* 之间差距大到能都覆盖全部交易成本时，不难想到就给无风险套利提供了机会。

如果 S 高于 S^* 的幅度超过交易成本，就可以买进 S^* 同时卖出 S，等于锁定了两者之间的差价，差价 = $(C-P)-(S^*-X)$，扣除交易成本后就是净利润，由于这一利润在期初就能确定，无论价格怎么变化都能获得，因此该利润实际上属于无风险利润。通常将这种买进低标的物同时卖出高合成标的物的套利方式称为“转换套利（conversion arbitrage）”。

如果 S 低于 S^* 的幅度超过交易成本，就可以卖出 S^* 同时买进 S，也是锁定了两者之间的差价，差价 = $(S^*-X)-(C-P)$，同样，扣除交易成本后就是净利润（无风险利润）。通常将这种卖出高标的物同时买进低合成标的物的套利方式称为“逆转换套利（reversion arbitrage）”。

案例 18

图 32 和图 33 中的行情数据完全相同，在案例 16 中，我们用行权价 4800 点合成了标的指数多头，在案例 17 中，我们用行权价 4700 点合成了标的指数空头。实际上，我们可以选择任何一个行权价来合成指数。从表 12 中可见，针对不同的行权价计算所得的合成指数还是有差别的。由于现在实际指数 S^* =4769.27 点，远高于合成指数，可以想到，现在是“逆转换套利”比较有利。“逆转换套利”是买进合成指数，自然是越低越好。简单比较一下就能发现，表中行权价 4800 点的合成指数 4669.6 点最低。

表 12　　合成指数计算表

行权价 X	看涨期权 C	看跌期权 P	C－P	合成指数 S＝X＋C－P
5000	88.8	407.0	－318.2	4681.8
4900	116.0	340.8	－224.8	4675.2
4800	151.0	281.4	－130.4	4669.6
4700	194.2	219.2	－25	4675
4600	246.9	168.0	78.9	4678.9

选择行权价 4800 点的合成指数进行“逆转换套利”，锁定的价差是 4769.27 − 4669.6 = 99.67 点，接下来需要考察套利是否可行以及套利的成本是否小于这个价差。在本案例中，套利是否可行的难点是怎么实现现货指数的买卖，由于股票指数是无法直接买卖，只能通过一些间接的替代方法来实现，具体方法可以参考本系列丛书《金融期货》中有关股指期货的期现套利部分。交易成本的大小与买卖现货指数的替代方法有关，也与交易者自身的条件有关。

在本案例中，由于标的物现货指数无法直接买卖导致转换套利或逆转换套利的门槛提高了。不过请注意，国内 4 家期货交易所的期权品种，除股指期权品种外，其余品种都不存在这个难题。这是因为其他品种都是期货期权，期货期权的标的物是期货合约，而期货合约是可以直接买卖的。

期货期权摆脱了标的物买卖的障碍，但是也有 3 个需注意的地方。首先，从理论上说美式期权的价格比欧式期权稍高一些，而“看涨 − 看跌平价”等式是在欧式期权基础上推演而得的。在美式期权的情况下，原先的等式就变成不等式了。好在相差部分非常小，基本可以忽略，因此并不妨碍使用效果。其次，交易者在持有期权组合期间，若卖出的期权因为对手提出行权被抽中行权，等于套利组合在中途被强行拆散。应对的办法是尽可能利用交易所的组合规则，将期权空头与对应的期货合约作为一个指定组合，这样不仅可以享受保证金优惠，还可避免被抽中的风险。最后不得不遗憾的指出，正因为在期货期权中转换套利和反转换套利非常方便，套利的机会反而不容易出现，因为做市商和机构都知道这是一道美味点心，岂有放弃之理。凭借着可以自动跟踪的专业软件，一旦出现就能发现并立即自动出手。在这种情况下，一般的交易者别说能否抢到了，连发现的机会都没有。不信你可以在行情软件上逐个比对一下，是不是合成期货与实际期货价之间总是若即若离，其差价很难覆盖交易成本。

7. 盒式套利与合成期权套利

在表 12 中，我们看到，不同的合成指数有高有低，其中最高为 4681.8 点（对应行权价 5000 点），最低为 4669.6 点（对应行权价 4800 点），两者相差 12.2 点，能不能低买高卖，不妨实验一下。

案例 19

卖出行权价 5000 点的合成指数，意味着卖出看涨期权买进看跌期权，卖出看涨期权可以收到权利金 88.8 点，买进看跌期权需要支付权利金 407 点，净支出 318.2 点；买进行权价 4800 点的合成指数，意味着买进看涨期权卖出看跌期权，买进看涨期权需要支付权利金 151.0 点，卖出看跌期权可以收到权利金 281.4 点，净支出 −130.4 点。两者合计的净支出 = 318.2 − 130.4 = 187.8 点。

在到期日，当指数小于 4800 点时，两个看涨期权都作废，买进 5000 点的看跌期权与卖出 4800 点的看跌期权可以获得 200 点的差额。减去当初的净支出 187.8 点，收益 12.2 点。

当指数大于 5000 点时，两个看跌期权都作废，卖出 5000 点的看涨期权与买进 4800 点的看涨期权可以获得 200 点的差额，减去当初的净支出 187.8 点，收益 12.2 点。

当指数在 4800 点和 5000 点之间时，5000 点的看涨期权和 4800 点的看跌期权作废，买进 5000 点的看跌期权获利 5000 − S，卖出 4800 点的看涨期权亏损 S − 4800 点，两者相加 = 5000 − S + S − 4800 = 200 点。减去当初的净支出 187.8 点，收益还是等于 12.2 点。

回看一下表 12，这种套利方式表现为在一个矩形的四角上买卖期权（一个对角为买进，另一个对角为卖出），因此被称为“盒式套利（Box Arbitrage）”或“箱式套利”。

同样，对盒式套利而言，当差价大于交易成本时，扣除交易成本后的利润可以称为无风险利润。而交易成本通常由资金成本、手续费成本和冲击成本组成。其中资金成本和手续费成本并不大，猛一看，盒式套利中有两个期权空头需要缴纳保证金，但实际上，盒式套利可以看成两个垂直价差的组合，在本案例中，卖出行权价5000点的看涨期权和买进行权价4800点的看涨期权是一个垂直价差；买进行权价5000点的看跌期权和卖出行权价4800点的看跌期权是另一个垂直价差，两个垂直价差都符合交易所减免保证金的条件。交易成本中最难控制和估计的是冲击成本，比如，在本案例中，12.2点的收益是按照最新成交价计算而得的，如果按照盘面的对手价计算，交易结果反而是锁定了亏损。在实际的套利交易中理应按照对手价计算。

前面介绍了转换套利及盒式套利，这些套利方法都基于平价理论，实际上，从平价理论中还可以推出合成期权的套利方法。

机灵的读者看到前面的等式（1）“买进看涨期权＋卖出看跌期权＝买进标的指数”可能就会想到：既然是一个等式，把等式两边的内容移项应该还是成立的。比如，将左边的“卖出看跌期权”移至右边，即可得到：

买进看涨期权＝买进标的指数－卖出看跌期权

由于“－卖出看跌期权＝买进看跌期权”，因此可得：

买进标的指数＋买进看跌期权＝买进看涨期权　　（3）

告诉你，不但结论完全正确，而且还可以进一步推演。

比如，在公式（3）中两边都加一个符号，再依据买进和卖出之间可以用负号转换，则上面的（3）式可以演化为：

卖出标的指数＋卖出看跌期权＝卖出看涨期权　　（4）

同样，我们将（2）式“卖出看涨期权＋买进看跌期权＝卖出标的指数”变形，可以得到：

卖出标的指数＋买进看涨期权＝买进看跌期权 （5）

将（5）式两边的买卖方向都颠个倒，可以得到：

买进标的指数＋卖出看涨期权＝卖出看跌期权 （6）

（3）式到（6）式，都是用一个标的指数和一个期权合成为另一个期权，这种期权可称为“合成期权”。

先看一下（6）式，是不是有似曾相识的感觉。如果想不起来，那就回看一下前面的“备兑看涨期权”，是不是会有恍然大悟的感觉，一模一样的东西，不过是换了个名称而已！

不难想到，合成期权的价格与实际的期权价格很可能不一样，如果两者之间差距超过交易成本，是不是就构成套利机会了。

案例20

以等式（5）“卖出标的指数＋买进看涨期权＝买进看跌期权”为例，借用图33中的数据，标的指数为4769.27点，行权价4700点的看涨期权为194.2点。将其代入等式“P＝C－S＋X”中，得到P＝194.2＋4700－4769.27＝124.93，其含义为：由卖出标的指数和买进看涨期权合成的看跌期权多头的价格为124.93点，但实际盘面上显示真实的看跌期权价格为219.2点。合成看跌期权与真实的看跌期权价格相差219.2－124.93＝94.27点。

套利方案该怎么做不言自明，那就是：卖出标的指数＋买进看涨期权，同时卖出看跌期权。如果与前面的案例18的“逆转换套利”仔细比对一下能发现什么？除了行权价不一样外，组合结构完全一致，不过是换一种说法的“逆转换套利”。

这一“逆转换套利”在实际交易中是否可行，首先要关注的是卖出标的指数如何实现，一些机构自己持有大量指数成分股，可以暂时卖出，相当于自己给自己融券，而一般交易者是很难做到的。

当然，如果你交易的是期货期权，就不存在这一难题。另一个关键点是冲击成本有多大，如果按照对手价计算，是不是还存在套利利润，这些都是交易者必须认真审核的。

8. 中拓系公司场外期权爆仓记

2019年7月9日，华丽家族（600503. SH）发布“关于参股公司日常经营损失的公告”：

近日从华泰期货有限公司获悉，华泰期货全资子公司华泰长城资本管理有限公司的场外衍生品业务客户在华泰长城资本多次发出追加资金通知的情况下，未依据合同约定追加足额资金或有效减仓以缩小风险敞口。故华泰长城资本对该客户头寸采取强行平仓操作以释放风险，初步统计损失金额约4684万元。华泰期货将全力配合华泰长城资本妥善处置风险，加强风险排查和管控。

公告一出，各路财经类媒体及相关网站闻风而动，跟踪采访报导，一时成为热点新闻，看一看下面这些当时报道的标题。

“中拓系公司场外期权交易爆仓　华泰等6期货公司受损失”；

“透支交易大量卖PTA看涨期权　华泰等五家期货公司穿仓”；

“中拓系场外期权爆仓　六家期货公司损失或超2.5亿”；

“中拓系爆仓背后：一大型央企踩雷涉及金额超10亿　公安已介入”；

“漠视风险引发爆仓　激进中拓系诉讼压顶”；

“中拓系公司爆仓　部分期货公司收紧场外期权授信”。

7月23日晚间，新三板上市公司天风期货（834277）发布“天风期货股份有限公司全资子公司涉及诉讼公告”：

原告天示（上海）企业管理有限公司（以下简称“天示公司”）与被告中拓（福建）实业有限公司（以下简称“中拓公司”）进行了期货市场场外衍生品交易，但被告中拓公司存在未按照协议约定按时向原告天示公司提交履约保障品（现金），以及在交易结束后拖欠交易价款的情形，已构成违约。暂计至2019年7月5日，被告中拓公司累计拖欠款项为人民币9115万元。

从当时的报导看，事件的大致情况为：

爆仓客户为中拓（福建）实业有限公司，官网资料显示，中拓系主要从事化工贸易和相关投资。其中，中拓公司成立于2011年，注册资本为1亿元，旗下有两家子公司，分别是上海弘亨石化和福州亚利供应链公司；中拓系在与各期货公司风险管理子公司签订合同时，使用了不同公司名称，有些用“中拓（福建）实业有限公司”，有些则是用“杭州华速实业有限公司”，两家公司实为关联公司。杭州华速成立于2012年，注册资本2亿元。这些企业卖出大量PTA（精对苯二甲酸）看涨期权，而PTA期货在7月1日和7月2日连续两日涨停（见图34），最终爆仓被强平，同时穿仓给期货公司子公司造成了巨大损失。

图34　PTA（精对苯二甲酸）1909合约行情日K线图

中拓系公司崛起的时间并不长，圈内人对其印象是化工品贸易和衍生品业务都做得很大，但鲜有实体加工产业，公司在行业内有着很强的关系网，与一些大型化工企业关系紧密。据说中拓在PTA、MEG（乙二醇）及PX（对二甲苯）上的贸易量都非常大，出事之前可以排到行业前三。PTA是当时期货公司风险管理子公司场外期权市场里规模最大的品种，而中拓系公司在PTA场外期权市场的交易规模占比一度超过50%！

场外交易爆仓引发连锁反应，中拓系整体经营风险快速扩散，就连传统现货贸易周转也出现了问题。很多现货企业都和中拓停止了业务往来。有些公司之前给他们打了货款，但现在拿不到货，最后只能选择走法律途径。

2020年3月2日，《中国证券报》报道：

2019年在场外衍生品市场引发关注的风险事件近期迎来仲裁结果。

据了解，中国国际经济贸易仲裁委员会仲裁庭裁决支持了华泰长城资本有限公司的全部仲裁请求，驳回中拓（福建）实业有限公司的全部仲裁反请求。

中拓（福建）应向华泰长城资本支付全部欠款及罚息，以及相关仲裁支出费用。

2020年12月25日，天风证券股份有限公司（601162）公告称，公司收到上海金融法院出具的《执行裁定书》，就公司控股子公司天示（上海）企业管理有限公司诉中拓（福建）实业有限公司、杭州华速实业有限公司期货市场场外衍生品交易纠纷案作出裁定，因未发现被执行人有可供执行的财产，终结本次执行程序。

这意味着上海天示的涉案金额合计9115万元基本上成为坏账了。

场外期权交易通常采取一对一签订合同的模式，类似现货贸易，在风险控制能力上无法与场内交易相比。比如中拓系持有超量的看涨期权空头头寸，如果在交易所进行交易，过不了持仓限额制度和大户报告制度的关口，即使你在多家期货公司开户，或者采用关联账户来分散隐蔽，但交易所的规则都是合并计算的。而在场外交易中，中拓系就可以成功规避。又如，场内交易中期货公司必须严格执行保证金制度，而在场外交易，一些风险管理子公司为了扩大业务，可以通过授信规则放水，只有出事之后才真正明白严格遵守保证金制度的重要性。

2019 年 12 月 16 日，郑州商品交易所终于正式推出场内 PTA 期权。

9. 那个写书教你交易期权的人爆仓了！

2018 年 11 月 15 日，拥有 290 位客户的私募基金 OptionSellers. com 基金经理詹姆斯·科迪尔（James Cordier）通过邮件告知投资者，其公司管理的账户遭遇了毁灭性的损失。同时，科迪尔还在 YouTube 上发布了一段视频。在镜头面前科迪表情凝重，语速沉缓，眼泪都快要掉出来了。他表示，每天起床都好像载着客户在小船上一样，但是在惊天巨浪之前，船还是翻了。他告知投资者，他们账户的余额需要向对手方支付差额，已经被全部清空，他不仅损失了全部本金，还欠下了证券经纪商——国际资产控股公司（INTLFC Stone）的追加保证金费用。换言之就是爆仓了！爆仓原因是大量卖出美国天然气看涨期货期权。在此前的一周时间内，天然气价格一直在上涨，在他公布爆仓的前一天，天然气一度暴涨 22%，即使按收盘价计算也上涨了 14.47%（参见图 35）。因为是美式期权，对手盘提出提前行权，科迪账户中的 1.5 亿美元彻底爆仓。

1984 年，21 岁的科迪尔进入了海因诺德商品期货公司从事交易员的工作，其职责就是帮助他的客户交易期权。他仔细研究了大豆、咖啡、原油或是黄金市场的每一个小细节，发现客户亏钱的原因是在期权交易中喜欢买而不愿意卖。买入期权，虽然风险有限，但在有限的风险内，要赚钱也很难。科迪尔自己做过统计，发现期权市场中 85% 以上的期权最终都不会被行权，这意味着这些买方支付的权利金都被卖方白白赚走了。既然如此，为什么不做期权卖方呢？

图 35 美国天然气 2019 年 1 月合约日 K 线图

卖出期权的问题是如果出现价格大幅涨跌，期权买方要行权怎么办？科迪尔采取的对策是，可以选择程度较深的虚值期权，由于行权价格距离当前市场价较远，被行权的可能性就更低了，毕竟出现持续暴涨或者暴跌是极小概率的事件。几个客户在他的鼓动下参与了他的策略试验，几年实战下来，证明卖出期权策略还是不错的。尝到甜头的科迪尔在 1999 年创立了自己的公司——自由交易集团，专门从事期权卖空。

当时，很多投资者都还没有听说过这种新型的投资策略。科迪尔和合作伙伴迈克尔·格罗斯开始在一些平台发表文章，慢慢地积聚了一些客户，也赚了不少钱。没多久，麦格劳·希尔教育集团的人找上门，想要为他们的期权交易策略出一本书。2004 年，他和迈克尔合著的《期权出售完全指南》(The Complete Guide to Option Selling) 出版。这本书，最重要的内容就是阐述如何把卖期权作为一种简单又行之有效的交易策略持续赚钱。他在书中说，“它将从根本上改变你余生看待投资的方式”。

《期权出售完全指南》为科迪尔带来了名声，他开始频繁出现在《华尔街日报》《福克斯商业》、CNBC 等知名媒体上，曝光度的增加又为他带来了投资者。后来，该书又修订了两版，最新一版是 2014 年。

靠着期权交易，科迪尔成功赚到了钱，在圈内知名度越来越高，并开了期权卖空网这家公司，这是美国第一家专门为高净值人群管理期权卖空的投资公司。公司的整体业绩还算不错，从 2009 年到 2015 年间，管理资金的净值增幅达到了 142.4%，年化收益率超过了 13%。尔后的两年半时间，净值涨幅又增加了约 60%。

然而，美好的一切都在 2018 年 11 月 15 日结束了。这位期权界大牛的翻船，不仅翻得快（从图 35 的行情走势图可以揣摩出来不超过 10 天），而且翻得如此彻底（爆仓）！

科迪尔卖出大量的天然气看涨期权，意味着他对天然气期货看不涨或者看小涨。如果你回看一下价格走势图的最后结果，科迪尔的判断似乎并没有错，爆仓之日正是期货价格最高时，尔后的期价开始震荡回落，最终几乎又回落至原先的起点。如果科迪尔的资金能够顶住 15 日那天的狂涨，最终不仅不亏钱，还能赚到不少权利金。科迪尔在事后为自己辩解时说：天然气价格的变动“是如此激烈和迅速，超过了所有测量风险的尺度”，也许这是科迪尔交易生涯中第一次遇到的小概率事件。科迪尔爆仓的最大教训是什么？一句话：概率虽小，不得不防，因为遇到一次就足以毙命！

10. 波动率指数——恐慌也可以交易！

1987 年股灾后，作为总结经验教训和完善交易风控制度的一部分，美国证券和期货监管当局批准了纽约证券交易所（NYSE）和芝加哥商业交易所（CME）的“熔断”机制（circuit – breakers）。同时，如何衡量市场波动及判断市场是否出现异常波动也成为当时的热门课题。

作为专业的期权交易所，CBOE 在这方面可以说具有天然优势，因为期权交易中的隐含波动率，本质上反映了交易者群体对未来市场波动率的预期或看法，交易所对如何利用期权交易中的隐含波动率概念非常热心，不断有学者提出各种计算方法。

1993 年，Whaley 提出了编制市场波动率指数（Market Volatility Index，VIX）作为衡量未来股票市场价格波动程度的方法。同年，CBOE 开始编制 S&P100 股指期权的隐含波动率指数。2001 年，推出 NASDAQ 100 股指期权的隐含波动率指数（NASDAQ Volatility Index，VXN）。2003 年，又推出了 S&P500 股指期权的波动率指数（VIX）。交易所发布的这些指数，通常都是在交易时间内每分钟更新一次的动态指数。

波动率指数的重要性逐渐被各开展股指期权的交易所认识之后，大家纷纷仿效，一时间成为潮流。

与股票指数或商品指数相比，波动率指数涉及的因素更多更复杂，因而编制的难度更高。比如，计算波动率指数首先需要计算每个期权的隐含波动率，而隐含波动率的计算需要输入无风险利率，无风险利率怎么取就是个问题，还有股票指数的成分股会发放股息，怎么合理化指数的股息率也是问题；再如，隐含波动率是以日历天数为基准的，日历天数为基准包含了非交易日，会导致偏低的隐含波动率以及带来非交易日前后的跳跃性，因此，编制波动率指数使用的隐含波动率必须调整为以交易日为计算基础，这样才能正确表达每日的波动程度；再如，一些深度期权的流动性很差，怎样确定合理的期权价以及背后的隐含波动率也是问题；还有，期权的行权价众多，不仅有近期的还有远期的，是全部选入还是部分选入，近期和远期的期权波动率之间的差异怎样加权比较合适；诸如此类的问题实际上还有不少。CBOE 从 1993 年开始编制，经过多次改进与完善，至 2003 年才基本定型。世界各地的交易所在编制各自的波动率指数时基本上参照了这套方法。

VIX 表达了期权投资者对未来股票市场波动性的预期，VIX 指数越高，显示投资者预期未来股指的波动性越剧烈；VIX 指数越低，代表投资者认为未来的股指的波动将趋于缓和。由于该指数可反应投资者对未来股价波动的预期，并且可以观察期权参与者的心理表现，因此被称为“投资者情绪指标”（the investor fear gauge）。

众多的研究者对隐含波动率历史数据进行研究后发现：VIX 指数的回报率与许多其他股票指数具有负相关关系。图 36 显示了 VIX 与 S&P500 指数从 1990 年 1 月 2 日至 2020 年 8 月 6 日期间的日收盘走势（图片来源：CBOE 网站）。

图 36 波动率指数（VIX）与 S&P500 指数对比图

图 36 中，深颜色及右坐标是 S&P500 指数，浅颜色和左坐标是 VIX 指数。从图中可以得到的一个直观印象是：指数稳步上升时，隐含波动率有稳步下降的趋势，隐含波动率的数值也相对较低；指数大幅下降时，对应的隐含波动率会大幅度提升，而当隐含波动率上升至高点时，意味着交易者的恐慌情绪也达到了高点，市场波动剧烈，也意味着指数即将见底或直接对应着底部。

比如，2001 年美国“9·11”事件后，股市在 9 月 17 日恢复开盘时一路下跌，到 9 月 21 日 S&P500 指数跌至 944.75 点，VIX 则升到 48.27 的高点；2002 年 7 月，美股在一连串会计报表丑闻影响下，下跌至五年来低点 775.68

点，VIX 高达 50.48；2008 年金融危机中 S&P500 大幅暴跌，VIX 高达 80.86；2020 年 3 月受疫情冲击，S&P500 从 2 月 19 日的 3393.52 点跌至 2191.86 点，跌幅超过 35%，VIX 则一路冲高至 82.69。

每次股市暴跌都会引起波动率指数暴涨，从而使波动率指数获得“恐慌指数（fear gauge）”的美名。

VIX 指数具有如此重要的作用，因此在推出后不久，就成为投资者评估美国股票市场风险的主要依据之一。2004 年，CBOE 的期货交易所（CFE）推出波动率指数期货（Volatility Index Futures，VX）；2006 年，CBOE 又推出 VIX 指数期权。波动率指数成为可交易工具后，期权交易的内容得到了进一步扩展，比如，交易者可以直接针对波动率的高低进行高抛低吸交易，也可以将其用作对冲风险的工具。

后 记

历经五年多的辛勤工作，《“讲故事　学期货”金融国民教育丛书》终于与读者见面了！

《“讲故事　学期货”金融国民教育丛书》用图书的方式，打造了一套具有标识性的投资者教育产品，在系统、全面介绍期货行业全貌、入市应知应会的基础上布局亮点，力图用通俗易懂的语言、生动有趣的故事案例将期货知识介绍给读者，尽量避免深奥的理论阐述。

本丛书由中国期货业协会期货投资者教育专项基金资助。中国证监会投资者保护局、期货部自始至终关注期货业协会投教基地的建设和投教新产品的推出；协会领导对丛书编写工作给予高度重视和大力支持；洪磊会长多次对编写工作给出指导意见。中国期货业协会投资者教育与保护委员会部分委员参与了丛书评审。中国财政经济出版社负责出版工作。

本书由刘仲元负责主要撰稿任务，韩蕴喆等在不同阶段参与了具体撰写工作。

鉴于水平所限，呈现给大家的书稿可能仍未达到期望。在此，我们诚恳地向读者征求意见和建议，以便在以后修订的过程中继续提高。如有错误疏漏之处，敬请读者批评指正。

“讲故事　学期货”金融国民教育丛书编写组

2021 年 10 月